鹿鸣心理

未成年人心理健康丛书

鹿鸣心理

重庆市出版专项资金资助项目

丛书总主编　胡　华
丛书副主编　杜　莲　屈　远

未成年人

人际关系与学业竞争问题：
专家解析与支招

主编

杨　东

副主编

何　梅　　赵淑兰

编　者（按姓氏笔画排序）

龙海舟　　史慧颖　　冉曼利　　吕　玮
刘　宇　　汤文芳　　张境倍　　尚传福
罗文建　　曹贵康　　梁　亮

重庆大学出版社

推荐序 1

    很高兴接受重庆市心理卫生协会胡华理事长的邀请，为她及其团队撰写的"未成年人心理健康丛书"写推荐序。

    记得联合国儿童基金会前执行主任亨丽埃塔·福尔曾经说过："许多儿童满怀悲痛、创伤或焦虑。一些儿童表示，他们不知道世界会如何发展，自身的未来又将怎样。""即便没有出现疫情大流行，很多儿童也苦于社会心理压力和心理健康问题。"世界卫生组织在 2017 年就发布了《全球加快青少年健康行动（AA-HA!）：支持国家实施工作的指导意见》，表明在全球公共卫生中重视青少年健康的时候到了。如今，未成年人心理健康问题十分严峻，未成年人的全面健康发展也是我国社会发展中的重大现实问题。

该丛书着眼于未成年人的心理健康，紧贴未成年人心理健康现状，以图文并茂的方式展现了未成年人在成长过程中容易出现的心理问题，涉及情绪、睡眠、行为、性困惑、人际关系与学业竞争等八大主题，通过真实案例改编的患儿故事，从专家的视角揭示其个体生理、家庭、学校、社会等多方面的成因，分别针对孩子、家长、学校以及社会各层面提出具体的操作策略，是一套简单实用、通俗易懂的心理学科普丛书。

孩子是社会中最脆弱、最易感、最容易受伤，也最需要关爱和呵护的群体。

全球有约 12 亿儿童青少年，且 90% 生活在中低收入国家。《全球加快青少年健康行动（AA-HA!）：支持国家实施工作的指导意见》指出：存在前所未有的机会来改善青少年的健康并更有效地应对青少年的需求。该指导意见还强调对青少年健康的投资可带来三重健康效益：青少年的现在—— 青少年健康即刻受益于促进有益行为以及预防、早期发现和处理问题；青少年未来的生活—— 帮助确立健康的生活方式以及在成年后减少发病、残疾和过早死亡；下一代人—— 通过在青少年期促进情感健康和健康的做法以及预防风险因素和负担，保护未来后代的健康。

生态模型的心理干预理念告诉我们：关注个体、个体生存的微观系统、宏观系统，通过改善这三个方面的不良影响，达到改善心理健康的目的。相对于需要面对为未成年人所提供社会心理照护服务的最严峻挑战而言，在促进和保护未成年人的心理健康方面所投入的科普和宣教工作更加实际和高效。相信这套由重庆市心理卫生相关机构、各个心理学领域的临床专家和学术带头人、"重庆市未成年人心理健康工作联盟"的重要成员们共同撰写、倾情奉献的"未成年人心理健康丛书"对帮助整个社会更好地正确认识和面对未成年人一些常见的心理问题以及科学培养未成年人具有重要意义。

孟 馥

中国心理卫生协会心理治疗与心理咨询专业委员会
副主任委员
兼家庭治疗学组组长
2023 年 4 月 10 日

　　心理健康是全社会都应该关注的话题，特别是对于未成年人来说，它是影响其成长发展的重要因素。然而，现代社会的快节奏生活方式使许多未成年人面临精神心理问题的困扰。2021 年，"中国首个儿童青少年精神障碍流调报告"显示，在 6—16 岁的在校学生中，中国儿童青少年的精神障碍总患病率为 17.5%，这严重影响了未成年人的健康成长。为此，重庆市心理卫生协会积极推进普及未成年人心理健康知识的科普工作。同时，该协会拥有优秀的专家团队，他们积极组织编撰了本套丛书。本套丛书共八册，分别聚焦心理危机问题、情绪问题、行为问题、睡眠问题、心理发育问题、性心理问题、人际关系与学业竞争问题、童年养育与心理创伤问题等全社会关注的热点问题。

　　这套丛书以通俗易懂的语言和图文并茂的方式，结合实际案例，为读者提供了丰富、系统、全面的心理健康知识。每册都包含丰富的案例分析、实用的解决方案和有效的预防方法。无论您是家长、老师、医生、心理治疗师、社会工作者，还是对儿童心理健康感兴趣的读者，这套丛书都将是您实用有效的工具，也将为您提供丰富的信息和有益的建议。

　　因此，本套丛书的出版对提高社会大众对于未成年人心理健康问题的认识和了解具有非常重要的意义。本套丛书以八个热点问题为主题，涵盖了各个方面的未成年人心理健康问题，为广大读者提供了全面、深入、权威的知识。每册都由业内专家撰写，涵盖了最新的研究成果和实践经验，以通俗易懂的方式呈现给读者。这不仅有助于家长更好地了解孩子的内心世界，也有助于教师与专业人士更好地开展心理健康教育和治疗工作。

　　在这里，我代表中国心理卫生协会儿童心理卫生专业委员会，向胡华理事长及其团队表示祝贺，感谢他们的辛勤工作和付出，让本套丛书得以顺利出版。我也希望本套丛书能够得到广大读者的关注和认可，为未成年人心理健康的普及和发展做出积极的贡献。最后，我也希望未成年人心理健康能够得到更多人的关注和关心，让每一个孩子都能健康快乐地成长，为祖国的未来贡献自己的力量。

罗学荣

中国心理卫生协会儿童心理卫生专业委员会

第八届委员会主任委员

2023 年 4 月 2 日

推荐序 3

由重庆大学出版社出版、重庆市心理卫生协会理事长胡华教授任总主编的"未成年人心理健康丛书"出版了,向该丛书的出版表示由衷的祝贺,并进行热情的推荐!

值得祝贺的是,该丛书聚焦未成年人这一特殊群体,从心理发育问题、童年养育与心理创伤问题、心理危机问题、性心理问题、行为问题、情绪问题、睡眠问题、人际关系与学业竞争问题等八个方面,全面地梳理了在未成年人群体中比较常见的各种心理问题。对广大读者来说,可以全面、系统、详细地了解未成年人成长过程中遇到的各种心理问题,从中发现解决未成年人心理问题的良策。

值得推荐的理由可以从以下几个方面呈现:(1)丛书的

结构完整：丛书的每一分册都是严格按照"案例故事—专家解析—专家支招"的结构进行撰写的。首先，列举的案例故事，呈现了未成年人的心理问题的具体表现；其次，对案例故事以专业的视角进行解释和分析，找出发生的原因和机制；最后，针对案例故事进行有针对性、策略性和可操作性的支招。（2）丛书的内容丰富：从幼龄儿童的心理发育问题、养育问题到年长儿童的各种心理行为问题、睡眠问题和人际关系问题，无一不涉猎，对未成年人群体可能出现的心理问题或障碍均有描述，而且将最常见的心理问题以单独成册的形式进行编纂。同时，信息量大但又分类清晰，易于查找。（3）丛书的文字和插图优美：丛书的案例文字描述具体、文笔细腻；专家解析理论充实，有理有据；专家支招方法准确，画龙点睛。同时加配了生动活泼、鲜艳亮丽和通文达意的插图，为本已优美的文字锦上添花。

可喜的是，本丛书有许多年轻专家的加入，展现了新一代心理卫生工作者的风范和担当，为未成年人的心理健康服务奉献了他们的智慧。

本丛书适合于广大未成年人心理卫生工作者，主要是社会工作者、学校心理老师、心理咨询师、心理治疗师和精神科医师、家长朋友和可以读懂本丛书的未成年人朋友，可以解惑，抑或助人。

杜亚松

上海交通大学医学院附属精神卫生中心
教授、博士生导师
2023 年 3 月 26 日，上海

丛书序言

　　未成年人是祖国的未来，他们的心理健康教育，事关民族的发展与未来，是教育成败的关键。2020 年 10 月 17 日，第十三届全国人民代表大会常务委员会第二十二次会议第二次修订《中华人民共和国未成年人保护法》，自 2021 年 6 月 1 日起施行。2021 年，重庆市主动作为、创新思考，由市委宣传部、市文明办联合政法、教育、财政、民政、卫健委、团委、妇联、关工委等 13 个部门发起成立了"重庆市未成年人心理健康工作联盟"。重庆市心理卫生协会有幸作为联盟成员单位参与其中。我个人一直从事与儿童青少年精神心理健康相关的临床、教学和科研工作，并借重庆市心理卫生协会这个学术平台已成功举办了五届妇女儿童青少年婚姻家庭心理健康高峰论坛、各种相关的专业培训班及非专业人士的公益课堂。重庆市心理卫生协会作为一个专业性、公益性的学术组织，一直努力推进大众心理健康科普工作，连续多年获上级主管部门重庆市科协年度工作考核"特等奖"。同时协会拥有优秀的专家团队，积极参与策划和落实这套丛书的编撰，是编著丛书最重要的支持力量。我希望通过这套图文并茂的丛书能够促进普通大众对未成年人心理健康知识有更多的了解。

在临床工作中，我们时常看到这样一些现象：孩子在家天天玩游戏，父母却无可奈何；父母希望靠近孩子，但孩子总是保持距离；父母觉得为孩子付出很多，但孩子感到自己没有被看见、没有被尊重；个别中小学生拉帮结伙，一起欺辱班上的某个同学，导致这个被欺负的学生恐惧学校；也有些学生一次考试成绩失利就厌学逃学；而有些孩子被批评几句后就出现自残、轻生行为……我们越来越多地看见未成年人出现各种各样的心理问题，甚至是严重的精神障碍。面对这些问题时，很多父母非常无助，难以应对，要么充满自责和无奈，要么互相埋怨指责。也有父母不以为意，简单地认为是孩子的"青春期叛逆"。学校和老师则有时过于紧张不安、小心翼翼，不敢轻易接受他们上学或复学，让一些孩子在回到学校参与正常的学习上又多了一些困难。而社会层面也有很多不理解的声音，对这些未成年孩子的情绪反应和行为方式不是去理解和帮助，反而是批判和排斥。

实际上，未成年孩子在生理、心理上具有自身突出的特点，相对于成人，他们处于不稳定、不成熟的状态，他们的世界观、人生观、价值观等思想体系正处在形成阶段。这个时期的孩子非常需要家庭、学校、社会等多方面给予特别的关心、爱护、引导与帮助。来自周围的对他们的一些观念、态度的转变，可能看起来非常微小，却往往成为点亮他们生活的一束光，可能帮助他们驱散内心的一点阴霾，更好地度过这段人生旅程，走向下一个成长阶段。

本套丛书共八本书（分册），分别聚焦未成年人的心理危机问题、情绪问题、行为问题、睡眠问题、心理发育问题、性心理问题、人际关系与学业竞争问题、童年养育与心理创伤问题等主题。丛书各分册的主编与副主编均是重庆市心理卫生协会理事会的骨干专家，具有丰富的心理学知识或者临床经验。由于未成年人的各个生命发展阶段又呈现出不同的心理特点，因此本套丛书也强调尽量涵盖现代社会中不同年龄段未成年人所面临的具有代表性的心理问题。

本丛书的每个分册都具有统一的架构，即以案例为导向的专业分析和建议。这些案例都源自作者专业工作中的真实案例，但同时为了保护来访者隐私，强调了对其个人信息的伦理处理。如有雷同，纯属巧合，请读者不要对号入座。为了使案例更加具有代表性，也可能会结合多个案例的特点来阐述。为了给大家更加直接的帮助，每个案例都会有专业的解读分析，及延伸到具体的解决方法和建议。书中个案不少来自临床，医务人员可能给予了适当的药物处理和建议，请读者不要擅自使用药物。如有严重的相关问题，请务必到正规的专业医院进行诊治。希望通过本丛书深入浅出的讲解，帮助未成年孩子的父母、学校老师以及未成年人自己去解决教育和成长中面临的困惑，找到具有可操作性的应对方案。而这些仅代表作者个人观点，难免有主观、疏漏，甚至不够精准之处，欢迎读者提出宝贵意见和建议，以便有机会再版时可以被更正，我们将不胜感激！

在本丛书的编写过程中，我真诚地感谢重庆大学出版社的敬京女士，她是我多年的好友，当我有组织这套丛书的设想时；

与她一拍即合，感谢她一路的积极参与和支持，以及她身后的出版社领导和各部门的专业帮助，还有插画师李依轩、辛晨的贡献。因为有他们的帮助和支持，本丛书才能顺利完成。同时，我真诚地感谢重庆市心理卫生协会党支部书记胡晓林、重庆市心理卫生协会名誉理事长蒙华庆及重庆市心理卫生协会常务理事会的成员们，在 2021 年 9 月常务理事会上对丛书编写这一提案的积极支持和鼓励。我要真诚地感谢重庆医科大学附属第一医院心理卫生中心的同事，重庆市心理卫生协会的秘书长杜莲副教授，以及副秘书长屈远博士，在组织编撰、写作框架、样章撰写与修改、篇章内容把控、文章审校等方面的共创和协助。我还要感谢重庆市心理卫生协会常务理事、重庆市心理卫生协会睡眠医学专委会主任委员、重庆市第五人民医院睡眠心理科高东主任和重庆市心理卫生协会理事、重庆市第五人民医院睡眠心理科黄庆玲副主任医师对样章撰写的贡献！

　　我要感谢所有参与丛书编写的各分册主编、副主编及编委会专家和作者的辛苦付出！没有你们，这套丛书不可能面市。

　　我还要感谢重庆市委宣传部未成年人工作处李恬处长的支持和鼓励，并把这套丛书的编写纳入"重庆市未成年人心理健

康工作联盟"2022 年的工作计划中。

最后，我要感谢在丛书出版前，给予积极支持的全国儿童青少年心理与精神卫生领域的知名专家，如撰写推荐序的孟馥教授、罗学荣教授、杜亚松教授，撰写推荐语的赵旭东教授、童俊教授和夏倩教授，以及家庭教育研究者刘称莲女士。

健康的心理造就健康的人生，我们的社会需要培养德智体美劳全面发展的社会主义接班人！我们的社会和家庭需要我们的孩子成长为正如"重庆市未成年人心理健康工作联盟"所倡导的"善良、坚强、勇敢"的人。为此，面对特殊身心发展时期的孩子，我们需要在关心他们身体健康的同时，更加积极地关注他们的心理健康状况，切实了解他们的心理需求和困难，才能找到解决问题的正确方法，才能让孩子在参与和谐人际关系构建的同时实现身心的健康成长和学业进步。

虽然未成年人的心理健康发展之路任重而道远，但我们依然砥砺前行！

胡 华

重庆市心理卫生协会理事长

作者序言

　　未成年人的压力主要来自人际关系与学业竞争，人际关系特别是与父母、老师和同伴等重要他人之间的关系对未成年人的心理健康有重要的影响，是影响未成年人心理健康，甚至是导致心理疾病的关键因素。我们的一项研究发现，20% 左右的未成年人曾因学习压力大而有过自杀的念头，而校园欺凌、亲子冲突是导致未成年人出现极端行为的直接导火索和压垮他们的最后一根稻草。

　　因此，帮助未成年人正确面对人际关系与学业竞争问题，并帮助他们学会应对人际关系与学业竞争问题的方法技巧，提升相关的能力就显得非常重要，也非常有必要。但是，在面对人际关系与学业竞争问题时，许多孩子、家长以及老师常常无所适从，束手无策。

在处理未成年人人际关系与学业竞争的实际问题方面，经验是非常重要的，但经验毕竟不是专业的，也不一定科学，因此，在经验的基础上，关键的是要能够深入问题的实质，通过对问题原因进行科学而专业的分析，再寻找到问题的有效对策和解决方案，并运用方法和技巧及时处理好问题。这些是当下家长、老师迫切需求的。基于这样的理念，在重庆市心理卫生协会的大力支持下，我们编写了这本心理学科普书籍，希望能够帮助更多未成年人战胜人际和学业上的困难，获得良性心理成长。

本书共收录了来自一线心理健康教育工作者、高校心理学专家近几年处理的未成年人人际关系与学业竞争问题的 18 个案例。案例涉及依赖、嫉妒、学校适应、厌学、学习焦虑、学习动机、师生关系、同伴关系等主题，是一些常见的人际关系与学业竞争相关的心理行为问题。每个案例主要从问题行为介绍，专家剖析以及面向孩子、家长、学校的专业点评与指导三个方面，引导读者走近未成年人常见的心理行为问题，了解其背后的真实原因，找到相对应的支持策略，帮助他们在遇到类似问题时有理可依、有方法可循。

本书由多位心理健康教育专家共同编写，虽然案例编写作者均具有丰富的心理健康实践经验，也具有比较好的专业理论水平，但由于本书的案例容量有限以及未成年人存在个体差异，因此本书所提供的分析和建议仅是一种思路。在遇到具体问题的时候，还需要读者们融合创新、灵活使用，根据具体问题再具体分析，巧妙地使用不同的方法和技巧。

我很荣幸受邀担任该分册主编，并有幸与重庆市教育科学研究院的赵淑兰研究员、重庆市沙坪坝星心语青少年心理中心的何梅主任医师两位资深心理专家共同协作，负责全书的框架设计、统稿和审稿工作。也很荣幸能与西南大学心理学部曹贵康副教授、西南大学心理学部史慧颖副教授、重庆第二师范学院尚传福副教授、重庆市精神卫生中心冉曼利副主任医师、重庆西心助心教育科技有限公司的高级顾问梁亮女士、重庆大学继续教育学院汤文芳老师、重庆市第二十九中学校刘宇老师、重庆市清华中学校龙海舟老师、重庆市巴南中学校罗文建老师、重庆市求精中学吕玮老师以及重庆共青团12355青少年服务台的张境倍老师一起工作，共同撰写该手册。在此，谨向他们的付出表示由衷感谢！

对于该书的编写，我们力求兼顾科学性、专业性、可读性和实用性，但鉴于未成年人问题在人际关系与学业竞争方面的复杂性，编者们对故事案例的研究仍有待深化，书中难免有疏漏或不当之处，恳请广大读者能够不吝赐教、批评指正，以帮助我们能够不断地精进，对该书进行不断地修改完善，给读者呈现更好的作品。

杨　东

2022 年 9 月

目 录
CONTENTS

第 1 节
"霸王龙"哭了

梁　亮

案例故事

　　7 岁的小男孩阿羽就读于某实验小学二年级。从一年级开始，小羽就成了班级里的"霸王龙"。如果你到阿羽的学校，就会经常看到老师在和阿羽进行"特别"的交谈。阿羽之所以成为"霸王龙"，是因为他太调皮了。阿羽的性格比较活泼，在班级里爱捉弄同学，喜欢在同学的本子上乱画，将同学的东西藏起来，在同学凳子上涂胶水，等等。有很多次，阿羽只要发现同学有新奇的东西，就会私自拿去玩，根本不征求同学的意见，等阿羽玩够了还回来的时候，同学的物品已经被损坏没办法再使用了。大家将阿羽的"恶行"告诉老师，老师每次都会对阿羽进行批评教育，阿羽每次也都会承认错误，但是过不了多久，阿羽又会犯错。久而久之，阿羽就成了班上出了名的"霸王龙"，同学们都纷纷躲着他，有好东西都会藏起来，生怕被阿羽发现了。而阿羽看到同学们躲着自己，心里却觉得很高兴，做事情更加有恃无恐，想干嘛就干嘛，老师为此头疼不已。

在一次美术课上，老师要求同学们两个人一组，共同完成一个泥塑小熊猫，老师会根据同学们的表现颁发奖章。同学们很快找到了自己的伙伴，和伙伴一起制作起小熊猫。可是，没有同学愿意和阿羽一组，他在教室里走来走去，不停地打扰其他同学。后来在老师的帮助下，阿羽被分到第3小组。和阿羽同在第3小组的同学小丽是一个腼腆的女生，阿羽将大块的陶泥直接拿走后，小丽只好默默地拿起一小块陶泥独自制作小熊猫。"这块陶泥怎么这么硬，我的手都揉痛了，我要加点水软化一下，"阿羽一边说一边往陶泥里面加水，"这样揉起来舒服多了，小丽，你看我的超级黏！"阿羽拿起一团黏糊糊的陶泥，在两只手里挤来挤去，就像黏胶将手黏住了一样。"我们快点做吧，要不就做不完了。"小丽焦急地催促着阿羽。可阿羽就像没听到一样，玩陶泥玩得不亦乐乎。"老师，我们的作品做完了。"隔壁小组同学张鑫向老师举手说。"非常棒，其他小组的同学也要抓紧时间了，还有10分钟就要进行作品评比了。张鑫，你们小组可以用剩下的时间来修饰一下自己的作品。"

老师对张鑫点点头，并提醒大家作品完成的时间。

一听只有 10 分钟了，阿羽急忙开始制作小熊猫。可是，由于阿羽在陶泥中加了太多的水，陶泥始终软趴趴的，没办法进行泥塑，这可将阿羽急得团团转。10 分钟过去了，阿羽小组呈

现的作品是小丽做的一只小熊猫，是一团东倒西歪的"怪物"。而张鑫小组的作品因为完成得早，有足够的时间进行修饰，所以他们组的小熊猫做得非常生动可爱。通过投票，张鑫小组的作品获得了奖章。老师颁发了奖章之后，就下课离开了。

阿羽特别羡慕张鑫手里的奖章，他请求张鑫借奖章给他玩一玩。张鑫知道奖章一旦被阿羽拿走就很难再要回来，便拒绝了阿羽的请求。被张鑫拒绝的阿羽非常生气，转身就将张鑫的作品捏坏了。张鑫看到自己的作品被捏坏，便和阿羽吵了起来："你为什么要捏坏我的小熊猫？""我捏坏了又怎么样，你的小熊猫坏了，老师就不会把奖章发给你，就会把奖章给别的同学。你不给我玩，你自己也别想玩！"阿羽生气地说。"你这样做是不对的，我去告诉老师，让老师来处罚你。"张鑫生气地说。"你去告诉老师呀，遇到事情就只知道告诉老师，没出息。"阿羽大声地说。其他同学听到争吵都纷纷围了过来，有的同学指责阿羽不应该去破坏别人的作品，有的同学跑去老师办公室找老师。阿羽生气地想要离开，却被张鑫一把抓住，要阿羽等着老师来处理。在与张鑫的抓扯中，阿羽扯坏了张鑫的衣服，还将张鑫的脖子抓出了几条血痕。教室里的泥塑作品被两个人

撞到了地上，摔得稀烂。站在阿羽身后的小丽被撞到，胳膊磕到了桌角，肿了一大块。

老师到教室后，同学们纷纷指责阿羽，要阿羽向张鑫和小丽道歉。老师听完同学们的描述后，批评了阿羽破坏张鑫泥塑作品的做法，让阿羽向张鑫道歉，同时还让张鑫向小丽道歉。老师调解完后，就带着小丽和张鑫去校医那里处理伤口。留在教室里的阿羽越想越不服气，他认为是张鑫拉着自己不让自己走，才发生后面的事情，而且撞到小丽和泥塑的事情，张鑫也有份，凭什么只批评自己。想着想着，阿羽竟然委屈地哭了起来。

专家解析

在本案例故事中，阿羽因为嫉妒同学张鑫的泥塑作品获得了奖章奖励，损坏了张鑫的泥塑作品，进而发展为肢体冲突。纵观整个案例不难发现，阿羽并不单单只在张鑫获得奖励后才产生嫉妒心理，在日常学习生活中，只要同学有新鲜玩意儿，阿羽就会产生嫉妒心理，并且不经过同学的同意，将东西直接拿走，甚至损坏。

　　嫉妒是人类的一种原始情感，是人类心理活动中动物本能的表现，具有一定的普遍性。儿童嫉妒是指当儿童看到他人某些方面比自己强，自己当时却无法达到或胜过时，所形成的不安、烦恼、痛苦、怨恨等复杂情感与企图破坏他人优越状况的系列行为。这种表现在低学段孩子身上更为突出。

　　如果嫉妒心理和嫉妒行为蔓延与激化，低学段孩子就很难协调同伴关系，很难在生活中心情舒畅，也会产生许多烦恼与痛苦。低学段孩子嫉妒行为的具体表现有以下几种类型：

　　1. 独占性嫉妒。低学段孩子不能容忍身边亲近的大人（父母、老师）疼爱别的孩子。当看到大人们喜欢和疼爱别的孩子时，低学段孩子往往会表现出不满、哭闹、反叛等，以引起大人们的注意。如案例故事中的阿羽通过各种调皮捣乱的行为成功地引起了老师的关注。

　　2. 敌对性嫉妒。低学段孩子对获得家长、老师等表扬的其他同学怀有敌对情绪。如阿羽看见张鑫被老师表扬时，表现得不高兴、不服气，并且去破坏张鑫的作品。

　　3. 排斥性嫉妒。排斥比自己玩具、用品、零食多而又不和自己共享的伙伴。一般情况下，低学段孩子都很愿意和拥有很多玩具、用品、零食的同伴在一起玩，当同伴没有将自己拥有的东西分享给他们时，他们就会表现出嫉妒情绪。如阿羽会不经同意拿走同学的新奇物品，甚至损害物品。

低学段孩子的嫉妒行为具有明显的外露性、攻击性和破坏性。低学段孩子的嫉妒行为受以下几个方面的影响：

1. 受自身年龄特点的影响。低学段孩子的年龄特点决定了他们的思维方式是以自我为中心的，还不会理性思考。他们希望拥有同伴所拥有的东西，不去分析这种希望是否客观合理，于是便表现出嫉妒行为。

2. 受与他人交流经验的影响。低学段孩子在人际交往中还缺乏相应的经验。比如，很多低学段孩子在如何应对他人的拒绝这个问题上缺乏经验，所以他们会选择采用偷偷拿走而不是同同伴商议的方式，去获得自己想要的东西。

3. 受环境和教育的影响。有些孩子自小受到父母的溺爱，养成了唯我独尊的习惯。孩子在这种环境中长大，就会形成独占心理，做事不考虑别人的感受。

总之，嫉妒是一种十分自然的心理反应。同时，爱嫉妒别人只是孩子心理不成熟的一种表现，家长不必过分担心，只要引导得当，合理对待和处理孩子的嫉妒心理，便能够帮助孩子发展良好的人际关系。

专家支招 🗨

1.学校营造良好校园环境,树立积极榜样,引导学生建立自尊和价值感。孩子在成长的过程中，会受到周围环境的影响，尤其是学龄期孩子，良好的校园环境对学生品德及行为的影响巨大。学校可以结合小学不同年龄阶段学生的自我意识和思维特点，开展丰富多彩的活动，如专题讲座、心理小剧场、主题班会等，帮助学生认识到嫉妒心理带来的危害，学习应对嫉妒心理的技巧。在日常的教学中，老师们要以身作则，平等对待学生，为学生起到引领作用。同时，学校还可以通过塑造积极的榜样，如助人小明星、学习小状元、小小歌唱家、节约小达人等，用榜样的力量来带领学生发展多项兴趣，将注意力用于提升自我素质，帮助学生树立正确的价值观。

对于已经产生嫉妒心理和不良行为的学生，要及时地进行干预。学校可以通过团体辅导活动，让同学们通过观察同伴行为，了解同伴为取得成功所付出的努力，吸取同伴经验，改变不良认知。也可以通过提供助人实践活动机会，帮助学生在助人实践活动中获得自我价值的提升，形成良好的助人行为。

2.家长加强亲子沟通，提升孩子自信，帮助孩子提升能力，化"嫉妒"为力量。 当家长发现孩子有嫉妒心理的时候，首先需要意识到嫉妒是一种常见的心理状态，这个时候不要急着去否定和批评孩子，不要对孩子说"你没必要这样""你不可以这样"。应先和孩子沟通，接纳孩子的情绪状态，允许孩子有嫉妒心理。如在案例故事中，家长可以对孩子说："你是不是有些不高兴？当张鑫被表扬获得奖励的时候，你也希望获得老师的表扬。"再通过了解具体情况的方式对问题进行具体分析，让孩子看见别人的努力，允许别人比自己好。家长可以这样说："上泥塑课的时候，张鑫是怎么获得老师表扬的呢？""原来张鑫一直很专注地在制作小熊猫，是第一个完成作品的，这让他有更多的时间来装饰作品，这样才获得老师的表扬。要获得表扬真是不容易。"最后，帮孩子看到自己的优势，化"嫉妒"为力量。家长可以对孩子这样说："要获得表扬真是一件需要付出努力的事情，我们有没有通过自己的努力获得表扬的事情？""你说了好多通过自己的努力获得表扬的事情，通过努力完成这些事情，就会获得老师的表扬和同学们的喜欢，这些努力和收获都属于你自己，你一定为自己感到高兴吧。"

3. 学生建立心理账户，学习社交技巧，建立"你好，我也很好"的思维模式。如果你发现自己有很强烈的嫉妒心理，这个时候就要提醒一下自己，因为此时你的心里住着一个"小可怜"，它总是觉得"别人比自己好，别人有的东西自己都没有"。我们要怎么样去帮助这个"小可怜"呢？

可以先给这个"小可怜"建一所房子，让它能够安全地住在里面。我们可以找一个纸盒，按照你想象中的样子，把它做成一所房子，别忘了要修一道门，让"小可怜"住进去。

接着我们再给"小可怜"做一些吃的，"小可怜"喜欢"吃"有力量的话，这些话包含了自己的优点、有效的方法等。我们可以把这些话写在纸上，通过房子的大门送进"小可怜"的房间，吃了这些力量话语，"小可怜"也会生长出力量来。

最后，我们给"小可怜"找几个朋友，"小可怜"喜欢那些在一起玩得很开心的朋友，然后用朋友的照片装饰自己的房子。我们多去帮"小可怜"交一些这样的朋友，当我们和朋友开心玩耍时，发出的笑声会传到"小可怜"的耳朵里，这样"小可怜"也会跟着我们笑起来。

对了，不要忘了，要用许多朋友的照片帮助"小可怜"装饰它的房子，这样"小可怜"就会很开心。你问我怎么样才能知道"小可怜"很开心？当你听到它说："我和别人一样好，我有的东西我知道。"这个时候，"小可怜"就长大成了"大开心"。

第 2 节
新学校，新麻烦

梁　亮

案例故事

　　蓝蓝家最近发生了一件喜事，蓝蓝的爸爸升职了，被单位调到新的城市工作，蓝蓝一家也要跟随爸爸搬到新的城市生活。对于即将要去的新城市，蓝蓝一家曾经一起去旅游过。那一次的旅行给蓝蓝留下了很深的印象，她很喜欢那里，喜欢那里的风景和美食，因此，蓝蓝对即将要开始的新生活充满了期待。搬家的事情按部就班地进行着，蓝蓝也在做着转学前的准备。老师带着同学们给蓝蓝开了欢送会，蓝蓝和好朋友们约定假期回老家看望大家，也邀请老师和朋友们一起来新城市旅游。

　　7月，蓝蓝一家开始了新的生活，妈妈带着蓝蓝一边布置新家，一边熟悉环境。蓝蓝过得非常开心，每天就像探险一样，去寻找菜市场、看看学校、了解交通、发现一个又一个新的地方……在蓝蓝愉快的探索中，暑假结束了。9月，8岁的蓝蓝穿着新学校的校服，跟着其他小学生一同走进了新学校的大门，正式开启了转学生的生活。

　　新学校、新老师、新同学，蓝蓝来到了一个全新的世界，一个没有和妈妈一起探索过的世界。上学的第一天，蓝蓝就遇到了一个新问题——她在学校迷路了，找不到新班级在哪里。看着周围急匆匆的同学，蓝蓝很着急，不知道该怎么办。通过一层层的"扫楼"，费了九牛二虎之力的蓝蓝总算找到了新班级。还好，这时老师还没到班级。蓝蓝心里悄悄地松了一口气。可是新问题又出现了，蓝蓝不知道自己该坐哪里？她只好背着书包站在教室门口等。教室门口有一位不认识的同学，这引起了教室里学生的好奇，大家跑到门口看了蓝蓝一会儿，就嘻嘻哈哈笑着跑开了。被大家这样跑来跑去地看，蓝蓝感到尴尬和害羞。还好，老师这时来了。看着老师急匆匆走过来的身影，蓝蓝放松了下来。"你怎么先上来啦，那天见面的时候不是跟你说好了吗，开学先到我办公室找我，我带你一起到班上来。我在办公室等你半天，给你妈妈打电话，你妈妈说你来学校了，我才着急地赶过来。"老师看到蓝蓝后，立刻牵着蓝蓝的手走进了教室，没有注意到蓝蓝因为自己刚说的话而低下了头。

经过简单的自我介绍，蓝蓝伴着大家的掌声坐到了自己的座位上。下课后，好奇的同学们围在蓝蓝身边叽叽

喳喳地问了蓝蓝好多问题："你从哪来？""你多大了？""你为什么要来我们学校？"……蓝蓝心里想："虽然今天一开始不顺利，但是都过去了。"

随着同学们对新同学新奇感的消失，蓝蓝发现，班里的同学已经在以往的学习生活中形成了固定的朋友关系，同学们喜欢玩的游戏自己以前也没有玩过，所以下课后，他们总去找自己的朋友玩。蓝蓝则一个人待在自己的座位上，要么趴着睡觉，要么自己看书。看着同学们开心地玩耍，蓝蓝心里满是羡慕，想靠近他们又没有方法。渐渐地，蓝蓝和同学沟通得越来越少，内心的渴望也压在了心底，甚至不和同学沟通了。在学习上，蓝蓝在适应新老师方面也遇到了困难，新老师上课的节奏比较快，蓝蓝有时会跟不上，无法回答问题，后来老师对蓝蓝的提问也就减少了。老师让同学们分组讨论，由于蓝蓝不主动，被老师批评了两次，从此蓝蓝就更加害怕和回避老师了。渐渐地，蓝蓝感觉到自己是一个外人，一个不被人关心，没有人在乎，可有可无的外人。

开学两个月了，蓝蓝在学校里还是形单影只，没有交到朋友，除了上课时的必要活动，课余时间蓝蓝都是待在自己的座位上。只有在与原来同学沟通的时候，好友们的关心询问和热情分享，才能让蓝蓝感受到被人关心的温暖，蓝蓝的脸上才会展露出笑容。这种久违的温暖感受让蓝蓝对以前的同学更加思念，每天上学前，蓝蓝都会找各种理由和妈妈说不想去上学，想回到老家的学校去找以前的同学，哭着请求妈妈带自己回去。蓝蓝的父母对此很苦恼，每次都得花很大精力才能哄蓝蓝上学。对于蓝蓝目前的情况，妈妈非常着急，她找到蓝蓝的班主任，向她反映蓝蓝的情况，以寻求班主任的帮助。

专家解析

孩子转学到新学校要面对许多问题，其中最重要的是新学习环境的适应问题，以及和新同学的人际关系建立问题。这些问题对每个年龄段的孩子来说都是一项挑战，尤其是对低年级的学生，更是一项亟需克服的挑战。

转学的学生在新的学校会遇到哪些挑战呢？

首先是情感适应挑战。转学生离开了原来熟悉的同伴和老师，内心都会有不舍，转到新班级，意味着他们失去了来自原来班级老师和同学的情感支持，所以就像丢了魂似的状态不佳。

接着是环境适应挑战。新的校园，新的班级，每一个地方对他们来说都非常陌生，迷路、走错班级等问题难免出现，

这也会加剧转学生内心的不适感。

第三是人际适应挑战。新老师带来新的教学方法，新同学带来新的交往模式。转学生不仅要找到和新同学及新老师有效的沟通模式，还需要让原本已形成固定朋友关系的新同学接纳自己，并顺利地发展友谊，这对人际交往经验尚浅的学生来说，无疑是一个巨大的挑战。

最后还有学习适应挑战。转学生到了新学校，可能要面对教材不同、教学进度不同、学习要求不同等一系列学习上的挑战。如果适应不了，学习的自信心将遭受非常大的打击。

其实，孩子转学都有一个转学适应期，出现不适应甚至一些困难情况，都是正常现象。孩子能否尽快地适应新环境，能否处理好复杂、重大或危急的特殊情况，与孩子的心理适应性高低有很直接的关系。如果孩子出现抑郁心境（情绪低落、经常哭泣、自我评价低等），焦虑或烦恼（无故发脾气、易激惹等），感到不能应对当前的生活或无从计划未来，失眠，应激相关的躯体功能障碍（头疼、腹部不适、胸闷、心慌），甚至出现问题行为（逃学、偷窃、说谎等）或退化性行为（尿床、幼稚言语、吮拇指等），社会功能或学习受到损害，家长就需要高度重视。

　　帮助转校生快速地融入新学校的学习生活中，需要学校、家长及学生的共同努力。本案例故事中的蓝蓝就遇到了转学生的四个挑战。由于家长前期没有帮助蓝蓝做好充足的转学准备，加上在迎接和培养转学生时，学校、班主任及任课老师们没有给予蓝蓝更多个体性的关照，带领蓝蓝尽快融入新环境、新集体，且蓝蓝在转学之后，没有及时做好转学后的调整和适应，遇事不主动，退缩回避，害怕尝试，这些都成为她在新学校适应的心理阻力。种种原因交织在一起，最终造成了蓝蓝转学后的困境。

专家支招))

> **对于蓝蓝**

　　不断自我鼓励，学习互动游戏，主动沟通，积极参与。对蓝蓝来说，面对新的学习和生活环境，需要一个适应的过程。需要认识到适应过程中出现一些不适应和困难是正常现象，不要过于苛责自己。有孤独的感受，思念原来学校的同学、老师，这些都是正常现象，不代表自己在新学校交不到新朋友。可以通过"找不同"游戏，找一找新学校和原来的学校在哪些方面是相同的，哪些方面是不同的。比如，教材可能相同，学习方法可能相似，从中找到熟悉的感觉，从自己熟悉的地方入手，就会加快适应的进程。相信自己能够融入新的集体，可以尝试着学习一些互动小游戏（如折纸、翻花绳等），在课间主动找同学玩耍，发现自己在班级中的亮点，去结交新朋友；积极参与班级活动，遇到困难主动和家长与老师沟通，不懂就问，寻求帮助。

面对孩子转学不适应的问题，只要学校、家长和孩子一起努力，形成合力，就能克服各种困难，让孩子顺利适应。

▶ **对于家长**

主动加强家校沟通，带孩子熟悉环境，为孩子提供社交支持。家长在孩子入学前可以带着孩子浏览学校的网站主页，了解学校概况、学校文化、学校特色、学校荣誉等，让孩子提前了解熟悉新学校；可以和孩子一起做一张探险地图，用游戏的方式带着孩子来一场新学校的"探险"活动，让孩子了解新学校的构造，例如教室在几楼，洗手间在哪里等，让孩子先消除对陌生环境的恐惧；可以带着孩子了解新学校的校纪校规、上下学时间、班级学习进度以及老师布置作业的方式等，让孩子提前做一些准备，以防孩子与新环境格格不入；可以和孩子一起制作一些"交友卡片"，利用这样的方式建立起孩子对发展新友谊的期待；可以和孩子一起讨论转学后可能会遇到的问题，用角色扮演的方式，带着孩子对相关事件进行预习（比如，可能遇到的事情是找不到新班级的位置，家长和孩子对事件发生的情境进行想象，想象什么时间？有哪些人？……然后和孩子商定扮演的角色，家长可以扮演学生角色，孩子可以扮演路人角色。商定完成后，家长和孩子对问题进行演绎，让孩子在演绎的过程中获得经验）。

在孩子转学入学以后，家长要积极地与老师沟通，了解孩子在学校的学习情况和精神状态，鼓励孩子积极参与班级和学校组织的活动，通过活动锻炼自己，找到快速适应新的学习内容和环境的方法。如果孩子转学后遇到了适应性问题，家长需要加强对孩子的陪伴，给予孩子安全感，来平衡转学给孩子带来的焦虑；积极加强家校配合，及时与老师沟通孩子的状态，清楚了解孩子所遇到的困难，与老师一同商议帮助孩子应对困难的方法；发掘可用资源，家长尽量发掘能给孩子带来积极情绪的资源（如原学校的老师、同学等），运用这些资源帮助孩子渡过难关（如请原学校的老师和同学录制鼓励视频等）。

▶ 对于学校

做好准备工作，消除障碍，帮助学生顺利过渡。班主任做好事前准备工作：（1）提前与班级同学沟通，做好思想工作，确保班级同学对转学生能敞开心扉接纳。老师可以提前安排好"导游"，选择热情开朗的同学帮助新同学认人、认路，知晓校园每个角落，还可以委托善于交往的同学主动与新同学做朋友，消除新同学的孤独感。（2）全面了解转学生情况。老师主动向家长了解学生的性格、喜好、行为习惯等，做到心中有数，让新学生来到班级后能感受到老师对自己的尊重与理解。（3）做好第一次会谈，给新学生留下良好的第一印象有助于师生关系的发展。

消除障碍，帮学生顺利过渡：（1）举行欢迎仪式，让转学生感受到班级的包容和温暖。（2）鼓励转学生积极参与班级的各类活动，建立与班级的连接。（3）主动找转学生谈心，了解转学生的心理动态，第一时间为其提供帮助。（4）评估学习能力，通过上课状态以及作业完成情况来评估转学生的学习能力，就评估结果与其他任课老师共同商议培优补差的方案，帮助转学生跟上学习进度。

第 3 节
数学老师的"魔咒"

梁　亮

案例故事

　　芊芊今年 11 岁，目前在一所小学读六年级。在班上，芊芊是一个文静内向的姑娘，她在课堂上不常主动举手，也不主动和老师交流。在同学中，芊芊也只和几个较好的朋友玩耍。而在学习上，芊芊成绩处于中等水平。可以说，芊芊在班级中并不起眼，不过芊芊对自己的状态比较满意，感觉很舒服。

　　最近，芊芊的舒适状态被打破了。芊芊在数学学习方面比较弱，随着年级不断上升，要学习的数学知识难度也在不断增加。对于数学老师在课堂上讲解的内容，芊芊经常没办法立刻掌握，不论是课堂练习还是课后作业，出现的错误都非常多。芊芊的作业情况引起了数学老师对芊芊的关注，数学老师想着，芊芊已经六年级了，如果数学基础没有打好，到了中学学习起来会非常吃力，于是决定帮助芊芊将数学成绩提升上来。为了帮助芊芊，数学老师开始在课堂上经常点名芊芊回答问题，以了解芊芊对知识点的掌握情况。对芊芊的课堂练习，数学老师也在第一时间批改，及时地给芊芊讲解订正。有时候课堂上没时间及时解决的问题，数学老师会在课余时间让芊芊到办公室，对她进行单独辅导，教芊芊学习数学的方法，帮助芊芊梳理知识点，和芊芊一起做练习题，以此让芊芊打好数学基础，跟上教学内容。除此之外，数学老师还和班主任联系，将芊芊的座位调整到数学成绩好的同学旁边，想让芊芊获得更多的帮助。

数学老师的"额外关照"让芊芊有点"适应不良"。课堂上被数学老师频繁地抽问，在同学的注视下起立回答问题，这些让芊芊感觉非常紧张。有一次，数学老师抽问芊芊，芊芊还没有搞清楚问题，站起来后回答不上来，这时，有个同学笑着说了一句："这么简单都答不上来啊。"其他同学跟着笑了起来。芊芊的脸一下子就红了，眼眶也湿润了。后面的课芊芊一直低着头坐着，老师讲了什么，芊芊一点儿都没有听进去，课后练习也做得一塌糊涂。后来，只要在课堂上一听到数学老师叫自己的名字，芊芊就开始紧张，哪怕是会的题，也因为紧张而回答不出来。

最让芊芊害怕的是课后被数学老师带到办公室讲题，用芊芊的话说，这是一段走向"刑场"的路。在去老师办公室的路上，认识和不认识的同学投来的目光让芊芊恨不得找个地缝钻进去。到老师办公室后，其他老师和数学老师寒暄道"又带学生来啦"，让芊芊感觉更加无地自容。因为压力很大，芊芊在办公室并没有听懂老师讲的内容，只是不断地点头，假装自己懂了，她只想赶紧逃离这里。

渐渐地，芊芊数学不好成了班级同学都知道的事情。有的同学会拿这个事情和芊芊开玩笑，拿着数学题去问芊芊会不会做；下课芊芊想出去玩，有的同学会问她是不是要去老师办公室；还有同学和芊芊的同桌开玩笑说："小心被芊芊'传染'了，数学也变得不好。"这些言语传到了芊芊的耳朵里，也扎到了芊芊的心里。一天，下课休息后的芊芊回到教室，看见自己的课桌上有一个纸团。芊芊将纸团展开后，发现这个揉皱的纸团是上一次的数学小测验，看到别人的题单平整地放在课桌上，而自己的题单被人揉成了一团废纸，芊芊伤心地哭了起来。晚上，芊芊从梦中哭着醒来，告诉妈妈，在梦里，数学老师一直在追赶她，把她追到了悬崖边上，她非常害怕。

芊芊开始排斥和厌恶学数学，觉得数学就像一个"魔咒"，每天在摧残自己，让自己变得不幸。对于数学作业，芊芊尽可能拖延，做题的时候，她也情绪低落，经常哭泣。而向自己施"魔咒"的人就是数学老师，芊芊认为这一切都是数学老师的错，数学老师就是故意针对她，逼她学习数学，让她被同学取笑。因此，芊芊对数学老师产生厌恶感，开始在数学课上睡觉，遇到抽问就起立静默，找各种借口回避数学老师，数学成绩也因此一落千丈。

数学老师感觉到了芊芊对自己的回避，看到芊芊的成绩一路下滑，数学老师既焦急又困扰还很委屈。作为一个新老师，他用休息时间来辅导学生，想给学生教授学习方法，提升成绩，但收获的结果却是学生排斥自己，辅导效果也不好。没有得到积极的反馈和回应，这对数学老师的打击也不小。渐渐地，数学老师和芊芊的关系疏远了。

专家解析

通过这个案例故事可以看到，数学老师对芊芊可谓是用心良苦，用尽一切办法想要去提升芊芊的数学成绩，可是最终的结果却适得其反，芊芊的成绩不但没有得到有效的提升，师生关系反而还产生了裂痕。这些问题的原因在于，数学老师把关注点放在学习方法和知识点的辅导上，却忽视了非知识性的教育影响，没有意识到师生关系的重要作用。罗瑞兰德研究了学生是如何学习的，从他的研究中可以看到，学习一项知识离不开学生、老师以及同学之间的沟通和讨论，学习的过程就是一个由学习新知识到运用新知识的过程。在这个过程中，老师不仅要讲述知识让学生掌握，还需要创建学习环境来促进学生对知识的吸收和应用。在学习环境的创建中，最重要的一项就是建立良好的师生关系。

学生的学习需求和学习兴趣与师生关系紧密联系，只有师生双方都意识到建立良好的师生关系是教育活动的重要基础，才能促进学生的学习发展。苏联教育家苏霍姆林斯基说过："课堂的一切困惑和失败的根子，在绝大多数场合下都在于教师忘记了：上课是儿童和教师的共同劳动，这种劳动的成功，首先是由师生之间的相互关系来决定的。"由此可见，师生关系是学生学习生活中最主要的人际关系，是教师与学生在理智、情感和行为等诸方面进行的动态人际交往。良好、协调的师生关系是有效进行教育教学活动，完成教育教学任务的必要条件。

师生关系容易受三方面因素的影响：（1）受师生间相互认可的影响。师生关系的建立和发展，必须以相互认可为前提。在本案例故事中，数学老师缺乏对芊芊的了解，以自己认为的对学生好的方式去帮助学生，结果却是芊芊并不认可数学老师对自己的帮助行为，认为老师是在为难自己，反而破坏了师生关系。（2）受教师教育方式和态度的影响。师生关系对学生的全面发展起什么样的作用，往往取决于教师的教学方式和态度。在本案例故事中，数学老师仅仅把芊芊当作教学活动的单纯接受者，在这种教学方式下，老师是高高在上的，结果只会造成师生关系的对立与紧张。（3）受师生交往空间的影响。师生关系的建立与师生间相互接触的时间、空间、频度、深度以及环境有着紧密的联系。在本案例故事中，数学老师和芊芊除学习活动之外并没有太多的接触，交往的深度也只停留在浅层的教学活动上，数学老师对芊芊的内心状态并不了解，也未考虑环境因素对芊芊的影响。

而芊芊在与数学老师的接触中，一直扮演着配合者的角色，并没有主动地与数学老师接触交流，对老师的认识也完全是自己的主观认识。这样一来，芊芊和数学老师之间出于某些原因产生的误会和冲突不能得到及时的疏通和解决，就形成了师生交往的障碍。

专家支招 🗩))

1. **教师自我完善，了解学生心理，调整方法。**教师要用自己的人格魅力征服学生，使学生从心底里喜欢和敬佩教师，愿意和教师分享自己的快乐与痛苦，这样才能建立真正和谐的师生关系。这就要求教师在外在的仪表、行为举止，还有内在的知识素养、人品、师德上都严格要求自己，不断完善。

通过了解学生心理，灵活调整教学和管理方法。六年级的芊芊正处于青春期，这个阶段的孩子面对的重要议题是自我同一性完成，形成对自我、他人和社会更加全面的认知。这时他们会对权威（家长、老师等）充满批判精神，不愿意接受批评。同时，他们很容易去想别人对自己的看法，觉得自己是其他所有人关注的焦点。面对这个阶段的学生，教师要主动接近，充分沟通，了解学生心里所想，提供给学生自由表达的机会，鼓励他们多做尝试，再辅以适当的指导和鼓励，发扬民主，使师生真正互相理解。

2.家长细心觉察，积极进行家校协作，共同促进孩子成长。家长和孩子生活在一起，最容易观察到孩子的状态变化。家长作为孩子的主要监护人与负责人，有责任和义务架起老师和孩子之间沟通的桥梁。作为家长，可以通过以下途径促进师生关系：（1）对老师抱以积极信任的态度。家长在孩子面前不应对老师的经验、能力以及方法进行负面评论，比如，"你的数学成绩下滑，是因为你们数学老师太年轻了，教学经验不足"。这样会让孩子认为都是因为老师教得不好，自己的成绩才会下降。家长可以主动和老师沟通了解孩子数学成绩下降的原因，了解课程的难点与重点，帮孩子查漏补缺，迎头赶上。（2）及时疏解孩子对老师的负面情绪。

在学校学习的过程中，孩子难免会有因为犯错被老师批评的时候，这往往会导致学生在师生关系上有负向的感受。家长要及时与孩子沟通，了解孩子的想法，减少师生间误会。比如，当孩子抱怨自己的数学老师总是针对自己时，家长可以问问事情原由，肯定孩子在事件中的感受，和孩子一起商讨积极的办法，减少数学老师的"针对"。（3）及时进行家校沟通。上学以后，孩子的大部分时间都在学校里，家长需要及时地与学校沟通，这样才能了解孩子的学习状态，做好家校配合，才能更好地帮助孩子适应学校生活，完成学习任务。

3.**学生善于观察，学习主动表达，勇敢应对困难。**在学习过程中遇到困难是难免的，本案例故事中的芊芊就遇到了数学学习的困难。在遇到困难时，我们的内心会产生焦急、自责、愤怒、委屈、自卑等不良的感受，这些感受让我们找不到有效的解决方法，忍不住想要发脾气，想要从困境中逃跑。这个时候我们需要做的是：（1）先给自己叫个暂停。如果有很多的情绪困扰（如"数学好难""数学老师好烦"），先去观察一下自己的情绪困扰有哪些（如"数学老师为什么要逼着我学习"），这些困扰和自己实际遇到的困难之间有什么关系（如"逼着我学习也没有让我的数学成绩提升"），观察一下别人或自己以前有没有遇到过类似的困难（如"小明以前数学也不好，现在在老师的帮助下，成绩提升了"），有哪些成功的经验（如"小明很配合数学老师的安排，积极与老师互动"）。（2）列出可以帮助自己解决困难的资源（如老师、同学等），主动倾诉，寻求帮助。如果对方提供的帮助没有很好地解决自己的困难，主动把自己的想法和感受说出来，看看自己与他人是否在应对困难的方法上存在不一致的看法，及时澄清，消除误会。（3）勇于实践。面对困难的时候，一旦想到了应对方法，一定要勇于实践，思前顾后反而会消磨自己面对困难的自信。在实践中不断进行自我鼓励，及时地调整方向，最终达到胜利。

　　总之，建立良好的师生关系是教育活动的重要基础，而建立良好的师生关系，需要老师、学生和家长三方的紧密合作，是三方共同努力的结果。

第 4 节

偏科的王小思

尚传福

案例故事

　　王小思是一个 11 岁男孩，家住某县城，就读于县城最好的小学。小思的妈妈是位语文老师，受到妈妈的影响，小思从小就熟读各种经典名著，名人名言、诗词歌赋也是信手拈来，书法、朗诵、写作都很厉害。刚上五年级，小思就已经拿了十几次市级写作比赛的一等奖。一直以来，小思都深受语文老师的重视，父母家人也以他为傲。

　　但是上了五年级以后，小思的成绩渐渐出现了"一科独大"的情况，语文成绩每次都是优秀，其他学科成绩却不太突出，尤其是数学。在学了"简单方程"和"多边形的面积"这两个单元后，小思每次数学综合测评成绩都只能勉强达到及格。数学老师也经常因为小思数学成绩的问题找他谈话。

　　刚开始的时候，小思也想过用一些方法来提高数学成绩，有时候甚至晚上在房间里偷偷看数学书、做数学题直到凌晨，但他的数学成绩仍迟迟不见提高。看着好朋友在数学课堂上侃侃而谈，自己只能缩在座位上挠头算题；看着数学老师的眼神逐渐从期待变为焦虑甚至是责备，自己却还是每次作业都错一大堆；看着书里的知识点变得越来越陌生，自己却怎么也记不住……满怀希望地努力过后，成绩却不见提高，甚至偶尔出现倒退。小思望着全是红叉的数学试卷，心里止不住地难过。

慢慢地，小思对数学这门学科越来越不感兴趣，数学课上经常走神。被数学老师叫去办公室说了好多次后，小思依然我行我素，甚至在被数学老师批评了很多次后，还记恨起了数学老师。这样的情况还在持续，小思开始在数学课堂上画画、聊天、看课外书，下课以后也把数学老师布置的作业丢到一边，自顾自地玩耍。每次老师问起作业情况，小思不是回答"忘了写"，就是说"练习册丢了"。为此，老师多次联系小思家长来学校交谈，家长也从最开始的羞愧转为对小思的愤怒：我每天上班养家这么辛苦，你还在学校里搞出这些名堂！

看着在老师办公室里转头偷偷抹泪的妈妈，看着老师桌上翻皱了的数学书，看着自己撕了一地的练习本，小思也很

困扰，但也很无力。他选择把自己的精力全部放在看课外书

上，在文学的世界里寻找慰藉与解脱。就这样，小思的数学

成绩越来越差，人也一天天消沉下去。

专家解析

　　小学四年级和五年级分别是小学第二学段的末尾和第三学段的起点。进入五年级以后，小学数学的课堂内容与知识重点都发生了很大的变化，这对学生的思维方式和理解能力都提出了更高的要求。学生一时没有调整好学习状态，很容易导致成绩下滑，这是这个阶段儿童群体中比较常见的现象，多数学生都是可以在学习过程中，在老师和家长的帮助下及时调整过来的。但在小学语文课堂中长期得到的关注与重视，让本案例故事中的小思养成了好强的性格。而在小思的成长过程中，小思本人、家长以及老师关注到的更多的是小思的优势学科，导致小思的自我认知出现一定的偏差，认为自己应该什么都是最好的，也什么都可以做到最好，进而无法接纳自己的缺点与不足，心态失调，最终对日常学习、师生关系、亲子关系和学生本人的身心健康产生消极影响。每个人都有自己的优势与短处，在经过系统的训练以后，每位学生都可以做到认识自我，接纳自我。

　　案例故事中的小思有非常典型的习得性无助。根据埃里克森的人格发展阶段理论，孩子在小学阶段，人格发展的主要矛盾是勤奋与自卑的对立统一。案例故事中的小思在发现自己存在不足之后，第一时间调整了学习策略，将更多精力分配到数学学科上。但由于缺乏科学系统的学习方法，仅仅通过看书和练习来提高数学水平，往往是事倍功半。多次努力无果后，小思便会开始自我怀疑"我是不是真的没有学习数学的天赋""努力也没用，我真的不行"，进而陷入自卑，并因为自豪与自卑之间的巨大心理落差而自怨自艾、自暴自弃。在后期，小思选择了消极的应对方式，企图用逃避来解决问题，将擅长语文的自己与不擅长数学的自己割裂，这对小思的心理发展造成了不可估量的负面影响。

在此案例故事中，数学老师的处理欠妥，没能及时通过调整作业数量与难度、课后辅导等手段帮助学生走出困境，反而在未提前调查学生成绩下滑原因的前提下，反复要求学生家长来学校，将学生与家长置于对立面。家长的处理方式也不恰当，他们没有跟孩子站在一起，分析成绩下滑的原因，寻找解决方法，而是盲目地用斥责的方式，用自己的辛苦付出绑架孩子，给孩子施加压力。在家庭、学校和自身的"三重压力"下，孩子的成绩很难得到提升。父母是孩子的第一任老师，学校是教育的主阵地，如果家庭和学校能在一开始就找对方法，完全可以帮助孩子更好地实现发展与进步，而不是白白浪费孩子身心发展最快的一段时光。

专家支招 🔊

1. 如果孩子出现类似情况，家长和老师请千万重视，尽早处理，和孩子站在一起，面对成长过程中可能遇到的问题。但也不用过分焦虑，而应理性看待孩子的优势与不足，鼓励孩子发挥自身优势，同时悦纳孩子的不足，不给孩子施加过多的精神压力。家长和老师也要以身作则，和孩子一起改变现状，解决问题。

2. 加强对孩子的挫折教育，培养孩子克服困难的能力和勇气，找到适应性方法，不仅要在优势中获得价值感，也要在战胜困难、弥补不足中获得成长。

3. 加强家校联动，及时了解孩子在学校和家庭两大场景发生的变化。家长与老师互通有无，构建助力孩子成长的发展网络；了解孩子学业问题背后的原因，以发展为导向，聚焦帮助困难孩子找到个性化的学业适应方法，这远胜于一味地批评和要求。

第 5 节
混乱的作业单

尚传福

案例故事

　　小乖，男，是一名五年级的学生，正就读于某市区实验小学。"双减"政策实施后，学校遵循政策要求为各学段学生减负，做出相对应的课业调整。由于五年级学生即将步入六年级，面临小升初考试，学校仍会结合学生学习情况布置少量练习作业。

　　从一年级开始，小乖便长期在父母的监督下完成作业。遇到不会的问题，小乖便会转身询问身边的爸爸或者妈妈，而爸爸或妈妈经常不会直接回复小乖，而是让他自己再思考一下。这时候，小乖就会玩玩书桌上的笔或者别的小贴纸、小玩具。当被旁边的大人发现并呵斥时，小乖会转身跑去厕所里面待着。直到出来后，他再次询问爸爸或妈妈之前不会的那道题，往往就可以轻松地得到想要的答案。

　　久而久之，每次遇到不会的题，小乖都习惯性假装思考拖延一段时间，等着旁边忍无可忍的家长告诉他答案。随着年级升高，小乖发现每天的作业里经常有好几道题都不会。小乖时常"思考"拖延到晚上十点多，都不能得到家长给他的答案，于是他经常晚睡，第二天又无精打采，注意力很难集中。

这种情况常常延续到课堂上。当老师讲解问题时，小乖心里总是期待着老师快点公布最终结果，他会下意识地选择避开老师的解题过程。当老师讲解过程或要求小组讨论时，小乖就"乖乖"坐在位置上，其实思想在开小差。他经常手里捏个小纸团、转笔、玩橡皮擦……直到老师给出结果，或者小组讨论结束了，他直接将答案誊写到笔记本上。

老师观察到小乖在学校的表现，与小乖父母沟通了很多次，建议带小乖到专业机构检测一下是不是有多动症或者其他问题。小乖的父母非常焦虑，带着小乖跑了好几家大型医院和专业机构，结果所有指标都是正常的。

"双减"后，学校安排学生自主制定每天的作业清单。很多同学经过三、四年级的自主安排训练，基本上都能够独立地制定作业清单。但是对小乖而言，经过三、四年级的自主安排，他并未养成好的习惯，对于自己填写的作业清单，他依旧是混乱模糊的。现在小乖已经五年级了，完成作业的时候还是要爸爸或妈妈监督，否则小乖不是到了大半夜还没开始做作业，就是爸妈隔天接到老师电话，说小乖的作业没按时上交或完成。小乖的爸爸妈妈对他的这种学习情况很不满意，为此也做出很多改变，比如：在发现小乖分神时对他一顿呵斥，定好时间来检查小乖的作业，要求小乖没有写完作业就不能按时吃晚饭……诸如此类，但效果甚微。看着成绩一天天下滑，又即将面临小升初考试的孩子，小乖的爸爸妈妈十分苦恼。

专家解析

1. 养成良好的学习习惯是学习中最重要的事情之一，良好的学习习惯会大大提高学习的效率、促进学习的自主性。每位学生都可以通过学习行为的强化来养成习惯，做到高效自主地制订并完成每日学习计划。学习习惯是否良好，通常会体现在学习成绩和日常的学习行为表现上。学生在养成良好习惯的过程中，成绩和行为也会逐渐发生改变。

2. 关于影响学生全面发展的内外部因素中，学生自我

成长是内部因素，而学校和家庭教育则是外部因素。一方面，要强化学校教育和家庭教育的"主阵地"的作用，即坚守学校和家庭教育在学生发展中的主导地位；但另一方面，又要发挥学生的"主体作用"（主观能动），即依靠教师和家长引导学生的成长发展，发挥学生的主体作用。具体而言，在"双减"背景下为学生减负，应落实到学校、教师，但最关键的是要调动学生的内驱力。

3. 本案例故事中的小乖并不理解什么是合理的学习计划，其父母不能辅助他每天量身定制阶段性的作业清单，也不能很好引导小乖主体发挥作用，自己做好目标和计划，只能任其混乱模糊下去。因此，小乖对作业越来越排斥，成绩越发下滑，进而产生自卑厌学情绪。

专家支招 🔔

> ▶ **对于小乖**
>
> 让小乖意识到学习习惯养成的重要意义。引导小乖合

理制订学习计划单，定好时间，尝试每天自主按照学习计划单依次完成学习任务，让小乖逐渐养成良好的时间观念。

▶ **对于家长**

积极地与孩子沟通，根据实际情况，帮助孩子制订合理的计划，遇到问题的时候鼓励并陪伴孩子去解决问题。适当激发外在动机，当孩子某天按时完成了既定计划，可以用代币制或者奖励的方式，及时对孩子进行表扬。当孩子再次出现惰性或者畏难情绪时，主动帮助并鼓励孩子尝试，尽可能让孩子完成任务，并再次进行表扬奖励，引导孩子主动地制订计划。

▶ **对于学校**

学校应对当下高年级段存在的两极分化现象做好积极调整应对，日常可以做好学习习惯的宣传工作，定期选出已养成好习惯的学生榜样进行示范。树立良好的学生榜样，以培养学习习惯为先，营造好习惯氛围。如适当时候可以开展养成习惯打卡活动，通过积分制促进学生打卡，以分享表扬的方式提升学生的积极性。

第 6 节

我要满分

尚传福

案例故事

　　小亮是一个十分聪明的 11 岁男孩，目前就读于某小学五年级。

　　小亮的爸爸是当地著名私企高管，拥有一份体面的工作，妈妈则在家里全职照顾小亮的生活和学习。周围邻居的妈妈们不乏炫耀家里孩子的荣誉，今天王妈妈家的小红在歌唱比赛上得了一等奖；明天李妈妈家的小壮在编程大赛上得到三等奖；后天张妈妈家的小松在绘画比赛中又拿了奖杯……小亮妈妈每天都游走在这些"妈妈堆"里，虽然小亮没有什么一技之长，但在学校的大小考试里总能取得不错的成绩，也算给妈妈挣了面子。

　　上了五年级后，小亮不再满足于儿时的那些盲盒、扭蛋、遥控车……开始渴望周围同学的高达、无人机和手办。买这些东西都是不算低的支出，但爸爸妈妈跟小亮承诺：只要小亮取得不错的成绩或者得到老师任何形式的表扬，都会有相应的物质奖励。

小亮为了尽快拥有自己渴望已久的玩具，上课期间总是走神，思考如何才能比过妈妈口中那些"别人家的孩子"，如何才能得到爸爸妈妈的奖励。然而，课上的分神，使得小亮面对课后的习题一筹莫展。

前排的小李很快写完了作业，并邀请小亮一起去操场打球跑步。得知小亮作业还没有完成，小李及时递上自己的作业，让小亮赶紧抄完上交，一起去玩。小亮如释重负，不到十分钟就抄完小李的作业，随后和小李一起到操场上挥汗如雨。

第二天，小亮拿到老师反馈的 A^+，心里说不出的满足。后来又有几次单元测试，小李都及时帮忙救场。小亮每次在取得不错的成绩后，都能得到爸爸妈妈的认可，很快就又能购买心仪的玩具。

此后，小亮和小李达成共识，平时小李把作业借给小亮抄袭，考试的时候尽可能帮助小亮过关，小亮也把拥有的新玩具分享给小李。与此同时，小亮也用这样的方法交到了较多的好朋友。

　　语文老师和数学老师很快便发现了异常，临场小测，小亮总有点丈二和尚摸不着头脑，但每次的作业都很工整且正确率较高，单元测也总能取得不错的成绩。终于，数学老师在一次单元测试中抓到了正在翻小抄的小亮，并第一时间向班主任反馈了小亮一直以来出现的"怪象"。

小亮在班主任的教育下，坦言自己抄袭是因为想要获得满分答卷，以此取悦爸爸妈妈，换取相应的物质奖励。班主任与小亮的爸爸妈妈进行家校沟通，第一时间告知他们小亮在考试时存在作弊的行为。小亮的爸爸妈妈都认为自己已经付出足够多的努力和金钱，儿子的成绩一定是真实的。当老师再次提及小亮的问题时，小亮妈妈更偏执地认为，只要分数达到了，不论用的什么方法,孩子都是优秀的,都应该信守承诺去兑现奖励。

专家解析

1. 人们把成功和失败归因于何种因素，对以后的工作态度有很大影响。同样地，学生对学习结果的成败归因，会对自己的学习行为产生影响。因此，当学生完成某一项学习任务后，家长应鼓励引导学生找出成败的真正原因。归因具有短期见效的作用，但是需要与较持久稳定的内在动机相结合，共同推动学生学习。

2. 学生学习成功与否是激发学生良好的学习动机和兴趣的一个关键因素。马斯洛认为，任何人的行为动机都是在需要的基础上被激发起来的。人的需要由低级到高级分为五个层次，马斯洛后将其扩展为七个层次，分别是：生理需要，安全需要，归属和爱的需要，尊重的需要，认知和理解的需要，审美需要，自我实现的需要。这七种需要又分为两种水平，马斯洛将前四种需要定义为缺失性需要，后三种需要定义为成长性需要。需要层次理论说明学生缺乏学习动机，可能是由于某种缺失性需要没有得到充分满足。因此，可以探寻小亮过于在意和追求父母的奖励的真实需求。

3. 蒙特梭利说："奖赏和惩罚是奴隶制压迫人的精神工具。在学校里，它们没有被用来减轻学生身体的畸变，而是被用来制造学生身体的畸变。赛马骑师在跳上马鞍之前会给他的马一块糖果，马车夫打他的马以让它对缰绳发出的信号有所反应，然而，在这两种情况下，他们的马都比不上田野上自由飞奔的骏马。"家长给予一定的奖励是无可厚非的，但是如果经常给予物质奖励，把它当成刺激孩子学习的手段，则容易让孩子形成一种错误的认识，即自己是为了得到奖励才学习的，不想得到奖励就可以不用学习。而且，物质奖励还会让孩子的虚荣心滋长、欲望膨胀，让孩子的金钱观和价值观出现偏差。为了达到优异的成绩，获得奖励，小亮便形成了不良的学习和行为习惯。当孩子出现一些不良行为的时候，家长应该承认并接受孩子的不完美，放下面子，心平气和地与孩子沟通。

专家支招

1. 应引导学生正确归因。一是可以通过观察学习法，即学生观察模仿归因榜样，学会正确归因；二是可以通过团队讨论法，即小组成员共同讨论学业成败的原因，由一名受过训练的教师或管理人员进行引导，指出归因误差，鼓励符合实际的归因；三是可以采用强化矫正法，即老师根据学生情况，结合学科教学内容，对有归因偏差的学生进行暗示和引导，鼓励作出正确归因的学生，促使学生形成积极的归因。

2. 在教育过程中，应该考虑学生不同层次的需要是否已经得到满足。同时，以学生的自我实现作为教育的追求，使学生的内在潜能得到充分发挥，从而使学生在学习过程中感受自我实现带来的高峰体验，成为一个真正的自我实现者。

3. 父母应该根据孩子的实际能力，引导孩子采用科学的学习方法，及时复习，查漏补缺，制定合理目标。父母在看待孩子的学习方面应有"尽人事，听天命"的心态，不要拿孩子和别人比较，孩子只要比过去的自己进步，就是优秀的。

4. 父母及老师对于孩子已经发生过的作弊行为，要承认事实。发现孩子作弊之后需要及时纠正，并帮助孩子及时改正。孩子做错了事，确实需要批评，但应注意方式方法。要根据孩子的性格特点、事件性质以及发生的后果，有的放矢。总之，在对待作弊这件事上，防患未然永远比亡羊补牢更重要。

第 7 节
"鞋王" 小亮

史慧颖

案例故事

　　小亮是一个 13 岁男孩，是家里唯一的孩子。小亮皮肤黝黑，个子高大，性格外向活泼，比较调皮。目前，小亮已经是一名六年级的学生，正就读于区中心实验小学。小亮的成绩一般，平常不喜欢学习，经常因作业没完成而被留下来单独辅导。由于小亮是家里的独生子，家里的长辈们从小就对小亮比较疼爱，对小亮喜欢的东西和想做的事情都尽量满足。

　　小亮六年级的时候，身高就已经达到 173 厘米，在同龄孩子中属于高个子。因为个子高，他参加了篮球训练营。小亮特别喜欢打篮球，经常花大量时间去打篮球，他也特别喜欢与篮球有关的事物，包括球衣、篮球鞋、篮球比赛等。其中，小亮对篮球鞋的喜欢尤为突出，已经收藏了五六双篮球鞋。

　　其实从五年级起，小亮就迷上了球鞋，打球之余经常和打

球的小伙伴聚在一起，比较他们各自的球鞋，比较各自球鞋的价格、颜色、品牌等。小亮在他们的小群体中比较突出，因为他的球鞋最多，也一直是最新款，买的鞋子也都是几百甚至上千元的。小伙伴们都对小亮表示羡慕，称他是他们群体中的"鞋王"。小亮十分享受这一称谓，也十分在意小伙伴对他的评价，认为别人是因为自己鞋子多才和自己玩的。

虽然家里已经有好几双球鞋，但是小亮仍然不满足，还想买新的球鞋。他会用手机或电脑偷偷查最新款的球鞋，记下最新的价格，并向其他伙伴炫耀他的最新"消息"，以及自己准备买的想法。小亮经常隔一段时间就向父母提出要买新的鞋子，而这些鞋子的价格都是在一千元以上。小亮妈妈一开始对小亮的要求都尽量满足，但小亮的要求越来越频繁，妈妈也不再同意，并解释了具体的原因。小亮并没有理会父母的解释，他开始发脾气，和父母大吼大叫，甚至摔门，砸东西，还会哭闹，以身体不舒服等为借口不去上课。

上个月，小亮看到隔壁班有个男生穿着一双自己从没见过的球鞋。对此，小亮十分羡慕，私下去查了一下这款球鞋的信息，了解到这款球鞋确实是新出的球星球鞋，价格达到 1500 元。为了能够在小伙伴中最先穿上这双球鞋，让他们羡慕自己，并询问自己有关球鞋的信息，小亮夸下海口，说自己在半个月内一定能够穿着这双球鞋去打球。为此，他一回到家中就开始和父母说这事儿。爸爸妈妈回绝了小亮的请求，表示球鞋的价格太高并且家里已经有好几双鞋了。小亮有些失望，也有些生气。当天晚上，小亮没吃完晚饭就放下筷子，匆匆跑出家门。爸爸和妈妈

在小区里找了很久才找到小亮，把他带回了家。

第二天，在父母的劝说下，小亮极不情愿地去上学了。在学校里，小亮看到有的小伙伴穿上了前几天提到的新球鞋，还介绍了这双球鞋和穿着的感觉。小亮觉得之前自己承诺的事让别人抢先一步完成，感觉很没有面子。在篮球场边，小伙伴们问他为什么没有穿上新的球鞋，小亮低着头犹犹豫豫地说自己还没有买。小伙伴们嘲笑他是吹牛大王，说话不算数。小亮满脸通红，不敢回应。

小亮把这件事归结于爸爸妈妈，认为他们没给自己买新鞋，导致自己受到了小伙伴们的嘲笑。当天，小亮带着一肚子怒火，气冲冲地回到家里。晚上，小亮生气地和妈妈说了这件事，表示自己那时候特别难受。妈妈表示他已经有那么多鞋子了，可以等以后再买新的，爸爸则忙着处理事情没有理会他。小亮觉得在家里也没有人关心他，感到特别委屈。于是，他和妈妈吵了起来，还扔了家里的凳子，打碎了家里的窗户玻璃。为了报复父母，小亮捡起碎掉的窗户玻璃，划伤了自己的手臂，并且拒绝和父母沟通，他也不去上学，把自己关在房间里。后来，小亮的父母把新的球鞋买来了，拿给了小亮。

尽管小亮已经得到了自己想要的球鞋，却依旧拒绝和父母沟通，不理睬父母的关心。后面几次，还是因为购买球鞋的事情，小亮分别用圆规、小刀等割伤过自己的手臂。小亮的父母发现小亮近期有自伤行为，感到特别担心，害怕小亮的心理状态出现问题。为此，父母特地带他去医院做了检查，但是没有检查出有具体异常的情况。

小亮看到父母的紧张表现，知道他们会因此而着急，就想用这样的方式来获得他们的同意。他不告诉父母自己的想法，觉得这样做能够满足自己的需求。后来，小亮的父母怀疑小亮有心理问题，又带他去做心理咨询，但小亮也没有明显的变化。

就这样，小亮的球鞋越来越多，隔一段时间他就会穿着一双新的球鞋，他也成了班级同学和篮球场伙伴们眼中的"鞋王"。

专家解析

1. 小学六年级的学生已经步入青春期，在自我认知上会形成更加独立的想法，情绪情感较为丰富，逐渐关注到外界的评价，并寻求他人的认同。但是由于理性思维较为缺乏，

社会经验不足，往往会在人际关系中试图通过亮点谋求他人的关注，提高在群体中的角色地位，也很容易在生活与学习中与身边的同学做出比较行为——攀比，攀比现象在儿童青少年中十分常见。

2. 在早期教育中，父母或监护人对孩子的关注和引导会起到极为重要的作用，尤其是对孩子认知观念和行为习惯的培养与塑造。父母的溺爱或放纵，让孩子在亲子养育过程中得到自由的满足，以至于提出不合理的要求。小亮的父母过度地满足小亮的不合理要求，没有做出正确的引导，让孩子在人际交往过程中，过分在意通过物品获得人际认同。

专家支招 🗨

▶ **对于小亮**

　　正确了解自己的行为，认识到自己的需求是否合理。期待得到别人的羡慕和称赞是一种很正常的现象，"攀比"会经常出现，但是要通过合理且有意义的渠道来实现。意识到自己和周围同学追星购买球鞋并不是健康的"攀比"，正确的"攀比"应该多体现在球场上的能力和表现上。因此，小亮应该把自己的关注点和攀比点放在能力和方法上，为了提升自己的能力，可以多研究如何提升自己的球技，赢得大家的高评价。购买球鞋需要花费大量的费用，这不符合自己的消费承受能力，是一种不合理的消费观。自伤行为不仅会伤害自己，而且也不是一种能够长期保障自己需要的正确方式。因此，小亮要多跟父母沟通，表达合理需求，思考如何正当竞争，并通过竞争提升能力。

► 对于家长

孩子的攀比心理应当从小就得到引导。家长们在教育孩子的时候，应当减少消极的示范性影响，如，经常拿孩子的表现和别人家孩子的表现进行对比，避免孩子从小就喜欢和别人做比较，特别要避免外在物质和穿着的比较，避免孩子通过攀比凸显和增强"虚荣心"。就算是要让孩子通过"攀比"来竞争，也要引导孩子注重规则，注重内在能力和素质的比较竞争。还有，就算要比较，也要注重纵向比较，让孩子多和自己进行比较，感受每年的进步和发展。再者，在教育孩子的时候，也不能太溺爱孩子，不能从小就满足孩子的任意要求，应当有意识地给予提醒，拒绝不合理要求，如，要引导孩子理性地思考买鞋的理由，没有正当理由，就不能给答应；最后，要让孩子养成良好的消费习惯，带领孩子多参加劳动活动，感受收入和消费的合理性，从小养成勤俭节约的意识。

▶ **对于学校**

学校要及时引导学生的观念和塑造行为。首先，可以适当制定宣传合理消费和拒绝攀比的校规条例，通过国旗下讲话、校园标语等活动形式教育和时刻提醒学生；其次，定期给孩子们组织劳动教育活动，在思想品德课上讲解攀比和合理消费，引导学生认识正确的消费观和攀比行为的影响；然后，老师们可以通过班会课宣传，并对个别有攀比行为的同学纠偏，引导学生将竞争注意力转移到个人能力的提升上。对于学生的攀比心理和行为，学校在家校联系中开展家长讲座、家访调查，渗透勤俭节约的教育观，协作共同引导孩子！

第 8 节

丫丫与她的"鸭梨"

曹贵康

案例故事

　　丫丫今年 12 岁，就读于某区中心小学。她长得瘦瘦高高，扎着马尾，是一个腼腆内向的小女孩，因为说话温柔，懂事礼貌，深得长辈和老师的喜爱和认可。

　　丫丫是独生女，从小就集万千宠爱于一身。家里人都以丫丫为中心，在丫丫身上投入了大量的时间和精力，对她抱有很高的期望，希望她能够成长为一个优秀的孩子。自丫丫进入小学之后，爸爸妈妈就给丫丫报了各种兴趣班、辅导班，丫丫课余的时间被填得满满当当，妈妈也一直扮演着"陪读"的角色。值得高兴的是，丫丫已经过了钢琴九级，还擅长画画、弹古筝，学业成绩也位居班级中上水平，是邻居口中"别人家的孩子"。

　　但是，数学一直是丫丫的弱项，家里为她请了长期的家教老师专门辅导数学，妈妈则全职照顾她的生活起居。妈妈有事

60

没事就会在她耳边"分享"朋友家孩子的学习情况和获奖情况，不断给她灌输家里希望她能够考进名校的想法，还会反复强调家里在她身上的高投入，给她施加压力。

随着年龄的增长，丫丫越来越在意爸爸妈妈，尤其是妈妈对她说的话。她常常认为自己比不上妈妈朋友家的孩子，觉得自己不够优秀，但又必须要考入名校。渐渐地，丫丫感觉自己的学习压力越来越大，却不敢和爸爸妈妈说，怕辜负了他们的期望。她认为爸爸妈妈为自己做了许多事情，自己应该努力达到他们的要求才行。

丫丫现在已经六年级了。在六年级上学期，丫丫的课余时间不是要上各种艺术类的辅导班，就是要进行数学补习，没有一丝喘息的机会。与此同时，六年级的课业压力也更大，丫丫光是完成学校布置的作业就会熬到晚上十点多。因为睡眠不足，丫丫上课经常犯困、打盹，课堂上总是打不起精神。但是一想到自己马上就要毕业升学了，精神又开始紧绷起来，脑子里不断回荡着妈妈的"唠叨"。丫丫很累，但是又不得不继续闷头学习，她常常自顾自地想：要是考不上重点初中，我该怎么办？

进入六年级下学期，丫丫由于精神压力大又得不到宣泄，整个人显得有点异常。在学校，丫丫和同学交流少了，也不和老师沟通，经常独自坐在座位上发呆或是无精打采地趴着。在课堂上，走神成了她的常态，听着听着，丫丫的脑子里就充斥着妈妈对自己的"期望"，老师的话一句也没听进去，好像自己进入了另一个世界。

班主任觉察到了这一异常，就主动和丫丫的妈妈进行了沟通，将这一情况告知了丫丫妈妈。班主任的反馈让妈妈很紧张，她立马找丫丫进行了谈话。说着说着，妈妈又开始"苦口婆心"地和丫丫强调一定要上区重点初中，现在不是分心的时候，千万不能让妈妈失望。此时的丫丫只是低着头默默地吃饭，吃完饭就回到自己的房间里，好像听到了妈妈的话，又好像没听到。

这次谈话之后，丫丫不再主动找爸爸妈妈沟通，什么事都自己憋着，一回到家就待在房间里开始写作业。父母见状，还为丫丫的努力而高兴。他们不知道的是，丫丫内心的压力越来越大，就像一个不断鼓起的气球，马上就会破掉。丫丫开始失眠了，经常要到凌晨一点钟左右才能睡着，浅睡一段时间又会醒来，一晚上会反反复复醒来好几次，但早上也不会睡懒觉。

这种情况已经持续了两个多月。慢慢地，丫丫开始变得很急躁，她想在班级保持自己的好成绩，但是又静不下心来学习，上课走神的频次越来越多。因为失眠，丫丫每天都感到很累，但是晚上依旧睡不着。一闭上眼睛，脑海里就会不断浮现家人的高期望，接着便担心自己会让家人失望，难以入睡，就这样反反复复，陷入恶性循环中。

因为睡眠不足和精神不佳的双重压力，丫丫的状态越来越差。老师和妈妈都找丫丫促膝长谈，但是丫丫都表示没有遇到什么问题，选择把自己封闭起来。妈妈也就不以为意，继续对丫丫进行"高压教育"。

专家解析

1. 在家庭教育中，由于对优质教育资源的超前预期和对子女未来发展的过高期望，父母自己形成了一定的教育焦虑。部分父母的教育焦虑和过高的期望会转移到孩子身上，转化成孩子的学习压力和心理负担，影响孩子的心理状态，甚至使孩子出现躯体症状。

2. 过多的课业辅导和兴趣培训加重了孩子的学业负担。

部分家长忽视孩子的学习承受力，从大人的视角期望通过增加培训和辅导，在"弯道"补充孩子的知识和技能来提升孩子的竞争力。但是，过多的补课，超出了孩子的可承受"容量"，无疑会造成孩子压力过大。

3. 小学高学段的学生即将面临小学毕业，迎来初中新的学习生活，升学对他们而言是无法逃避的挑战。面对未知的学习生活，新的学习环境、学习内容、学习成绩等都是他们潜在的焦虑和应激因素。

4. 12—13岁的孩子已经开始步入青春期，心理上也出现了潜在的变化。情绪变化、自主意识开始逐渐呈现出来，心理上也更敏感，更容易和父母产生冲突。

专家支招

▶ **对于丫丫**

　　学会及时表达和调整自己的状态是帮助自己减轻压力的关键做法。当丫丫感觉到课业压力太大，"学习容量"

亮红灯时，尝试用写信或者转达的方式跟妈妈或者老师表明自己的状态和想法，给自己减轻负荷；主动寻求帮助，在无助时跟学校心理老师沟通，帮自己调整预期，减轻压力；学会合理认识自我，给自己设定一个符合自己的努力目标和计划，不要给自己超过能力范围的预期和压力。

▶ **对于家长**

家长要树立正确的教育目标，要了解孩子发展的基础是身心健康、人格健全和拥有强大的心理素质，在此基础上，再要求孩子成为优秀和卓越的人。家长要学会定期跟孩子沟通谈心，给孩子主动表达的机会，及时思考自己的做法和想法是否有偏差，如果发现有偏差，要及时纠偏。另外，家长要认识到，"唠叨""讲大道理"和过度榜样示范不一定是爱，可能会是负担，有意识控制并减少自己的"唠叨"，给孩子留有空间；适当了解该阶段孩子的身心特点和成长需求，做好关心关爱并做好陪护，给孩子提供社会支持，也是减轻孩子压力非常重要的方法。

▶　**对于学校**

　　学校是孩子在家庭之外的"港湾"，也是家长教养方式的重要协助力量。可以定期给孩子们开展不同主题的心理讲座和心理课，为孩子们普及"压力、目标"等心理知识和应对策略；在家校工作上，做好宣传，引导家长重视和认识孩子的学业负担和压力问题，增加家访、回访、家校沟通、班主任反馈，让更多家长了解孩子的真实情况，有意识且用正确的方式帮助孩子；开通心理信箱、心理宣泄、心理辅导空间，为孩子们提供有自主表达和疏导调整的空间。

第 9 节
我跟不上了，怎么办？

罗文建

案例故事

　　小齐是一名 13 岁女孩，身高一米六左右，她身材瘦弱，皮肤较白，扎着长马尾辫。小齐的性格随和，平常积极主动，比较健谈，经常受到长辈的称赞，是大人眼中的"乖乖女"。小齐家住市区，家中有四口人（爸爸、妈妈、哥哥和她）。爸爸妈妈是上班族，平常工作比较忙。妈妈对小齐的要求比较严格，爸爸比较随和。哥哥现在是一名高中生，学习成绩较好（妈妈也会经常拿哥哥和小齐比较），平常住宿，较少回家。

　　小齐小学就读于家附近的实验小学。在小学时，小齐的成绩一直都比较好，是班上的优秀学生，也曾获得学校书法、数学、作文等比赛的奖项。家长和老师都特别器重她，同学们也很羡慕她，她也对自己的学习状态和学习成绩很满意。小学毕业后，通过选拔，小齐考入了当地市重点初中，并且被分配到了学校初一年级的重点班级。升上初中之后，小齐期待自己能够快速地适应新学校以及初中的学习和生活模式，期待能够像小学时那样有优异的成绩并且成为班上的优秀学生。然而，实际情况与小齐的预期产生了一定程度的偏差，小齐遇到了入学适应问题。

刚入学的时候，小齐表现得特别积极。她上课认真记笔记，还专门买了许多记号笔，给每一门学科的知识点整理了笔记，同时认真背单词，背古诗词，也努力完成作业。但是，进入到初一年级后，小齐尽管努力学习了，但也明显感觉到学得比较吃力。初中的学习科目比小学多了好几门，增加的几门科目自己没接触过，而且整体难度也变大了；每天要掌握许多新的知识点；初中的课上午五节，下午四节；每天需要在校上晚自习……这些变化让小齐感到很不适应。由于小齐平常学习和完成作业的节奏比较慢，而现在的学习节奏加快了，因此她经常在晚自习完成不了作业，只能带回家继续完成，有时到十一点半才能写完睡觉，第二天六点半就得起床上学。小齐每天都疲于应付学习，但是又不知道该如何调整。

入学的第一次阶段性考试让小齐至今印象深刻，也让小齐对自己感到特别失望。在这次阶段性考试中，小齐只拿到了1A、4B、2C，和身边的同学差距不小，尤其是数学，只拿到了C。小齐发现自己的成绩在班上只能处于中下游，落后于许多同学，这给小齐带来了不小的打击。小齐垂头丧气地回到家里，不敢把成绩告诉爸爸妈妈。后来，班主任将小齐的学习情况告诉了小齐妈妈。妈妈得知成绩后感到吃惊，也表现得十分生气，随即找小齐深入谈话，说小齐现在的学习成绩很糟糕，和小学相比退步了很多，并责问她近期是不是学习不努力了。如果还是这个样子，她的成绩会越来越差，甚至考不上高中。这样的学习状态和哥哥相比，是比较差劲的。尽管小齐也跟妈妈说了一些自己的想法，但是妈妈仍然坚持小齐不认真学习的看法，并要求小齐改正过来，争取下一次考试时不再出现这种状况。

小齐对考试的结果感到特别难受，也很担心自己不会的内容会越来越多，她对数学和物理都不抱太大的期望。她很担心自己会变得更差，这样妈妈还会继续指责自己。小齐非常在意妈妈的话，每次妈妈"教导"她的时候，她都很害怕妈妈说自己考不上高中，很害怕和哥哥做比较。小齐不敢和妈妈说自己的想法，也害怕妈妈再和自己说学习的事。

在初一上学期的那次考试之后，小齐一直心不在焉的。现在小齐对自己的学习已经没有了信心，感觉自己在学习方面越来越困难。上课时，她没办法集中注意力，总会想一些事情，但是又说不出来，脑袋里面比较混乱，心理上感到比较急躁。有一次上晚自习，小齐做了一个多小时的数学作业，却连一张卷子都还没有做完，并且有一大部分都不会做。小齐当时心情很烦躁，当着许多同学的面，用笔把卷子戳破撕碎了。第二天，小齐被老师训斥了一顿。

进入初中已经快一个学期了，小齐在学习上的表现越来越糟糕，几次考试成绩都不理想，每次考完试都被老师和父母找去谈话。小齐有时会感到特别无助，她也无法得到别人的理解和帮助。现在的小齐不敢和爸爸妈妈说自己在学习上遇到的困难，也没办法改变妈妈的想法，更不想找哥哥请教。由于现在自己的成绩不再像以前那么好了，自己也不是班级里的优秀学生，反而成了班上的"差生"，因此她的情绪经常表现得很低落。

小齐的异常行为引起了班主任的关注，班主任将小齐的情况告知了家长。回到家后，小齐妈妈立刻对小齐进行"教育"，这让小齐感到很委屈。此后，她不相信学校的老师，也不相信妈妈。小齐变得越来越内向，也变得敏感起来，在班级里经常因为一些小事和同学吵架闹别扭。到了初一下学期，小齐开始不想上学校的晚自习，找各种理由请假。

直到有一天，班主任将情况反馈给学校的心理老师。在心理辅导室里，心理老师和小齐进行了平和的沟通，了解了小齐的真实想法和变化。原来小齐内心充满担心、无助和焦虑——我快跟不上了，我该怎么办？

专家解析

适应和发展是个体生命历程中两个最基本的任务，社会适应是个体生存与发展的核心问题，而学习适应是青少年在成长过程中常见的发展挑战。针对本案例故事中小齐出现的状况，可以判断小齐出现了典型的学习适应问题。

小学升入初中是个体发展的重要时期，也是第一个面临巨大挑战的转折时期。升入初中后，与相对轻松的小学学习生活相比，学生要面对新的学习环境、新的老师、新的同学、新的学习内容及增加的课业压力等许多新的变化。初中生自我意识和独立性等心理特征不断发展，与教师的关系也发生了微妙的变化，这些都对初中生的身心发展提出了更高的要求和挑战。

在小升初阶段，许多学生在学习、生活等方面出现明显的适应性困难，需要继续做好过渡和适应调整。从优秀的自我肯定，到承认自己在新的环境里没有以前那样优秀，是一个自我认知的调整过程。小齐升学后在新的环境中学习，产生了较大的落差，难以接受自己不再那么优秀。这种情况可能会使部分学生产生受挫感和习得性无助。

专家支招

▶ **对于小齐**

学会正确认识自我，肯定自我。意识到面对新的环境、新的同学以及新的老师，紧张和不知所措是很正常的现象。接纳自己在学业上暂时不能像小学时那么优秀的事实，学会认识自我，清晰地了解自己的优势与不足，尽力完成新环境下的学习任务。同时，小齐需要积极参与活动，在不同活动中展现出自己的特长，这样不仅可以提升自我，还可以建立良好的人际关系。当出现学习适应问题时，可以主动寻求家长、老师和同学的帮助，调整学习目标，以挑战者的姿态让自己慢慢进步。

▶ **对于家长和老师**

重视新生年级学生学习适应问题。班主任采用民主的管理模式，通过系列班会活动，营造积极温馨的班级氛围。任课教师主动对新生年级的孩子给予学习方法、学习内容等方面的指导。当学生出现成绩下降、情绪低落等情况时，家长主动给予孩子情感支持和鼓励，和孩子一起讨论应对策略。同时，班主任适当的家访可以了解学生的家庭情况、性格特点，根据个别学生的特性因材施教，采取不同的教育手段，并且通过与家长的积极沟通，加强家校合作。

第 10 节
渴望知心朋友的小孤

吕　玮

案例故事

　　某重点中学的学生成长中心是该校学生，尤其是初中生喜爱"拜访"的校园空间。每逢大课间、中午午休以及下午延时辅导，总有个人、二人结伴、三五成群的学生上门，向心理健康教师预约咨询、请教问题。心理老师每天都要接待不同的来访，解决各种困扰。

　　在一天下午的延时辅导时间，学生成长中心接待了一位"常规"的来访者——渴望知心朋友的小孤。

　　八年级的小孤独自一人前来，腼腆地向值班老师表明了自己的咨询预约情况，然后在咨询前台登记了基本信息。小孤坐在咨询室，缓缓地袒露了自己近期的困扰……渴望心理老师能够帮助自己找到知心朋友并且找到解决困扰的办法。

　　在整个咨询的过程中，小孤双脚并拢，两手紧紧握着，放在双腿之间，她侧着身子，眼睛注视着心理老师。小孤的声音比较小，但也能听清楚。其间，小孤用了十分钟的时间向心理老师讲述了自己这学期在人际关系上遇到的问题。小孤无助又着急地说出了自己的担心：她觉得现在自己的身边没有知心朋友，尽管和几个同学表面上玩得不错，但是总觉得自己离她们很远。身边的朋友并不是真正关心自己，有时候也会随意地回复自己，自己能够感觉到对方的敷衍。小孤非常渴望能有知心朋友，可以了解自己的真实想法，也可以帮助到自己。

在交流过程中，小孤表示身边的"朋友"不是真正关心她，并袒露了一些细节。小孤过生日的时候，"朋友"没有向小孤发生日祝福语，也没有送生日礼物，甚至在已经提醒"朋友"自己的生日日期之后，"朋友"才简单地说了句"生日快乐"。而"朋友"对她自己同桌的生日则表现得十分积极，"朋友"清晰地记得同桌的生日，还特别准备了贺卡和布偶娃娃，甚至当着自己的面和同桌说"生日快乐"。小孤回想起这件事，感到十分难受，也十分生气，她不想自己被区别对待。小孤不喜欢这样的朋友，但是又舍不得放弃这段友情关系。后来，小孤还是和"朋友"待在一起，和她们一起玩，但是心里面不想和她们在一起，不想向她们说自己的真心话。

小孤在咨询过程中，还提到一次在食堂吃饭的细节。这件事也让小孤一直耿耿于怀。初一时，有天下午放学后，小孤和其他四个"朋友"一起去食堂吃饭。大家打完菜后，需要找空位置落座吃饭。不过，食堂里有很多同学在排队打饭，空余的桌子并不多。大家一直在找空的位置，在找寻过程中，小孤发现了一张空桌子，高兴地告诉了其他人，喊她们一起过来落座。小孤占好位置后，就跑去打汤了。当自己回来之后，才发现一张桌子只能坐四个人，而其他人早已经落座吃饭了，自己却没有空位吃饭。大家也没有关注到自己，只专注着吃饭。小孤感觉自己被忽视了，自己用心为"朋友们"找位置、占位置，换来的却是自己落单。小孤只好在旁边的桌子坐下，她感觉脸上火辣辣的，感到特别尴尬和难受，晚饭没吃几口，便吃不下了。

小孤非常羡慕班上另外两个形影不离的好朋友——小双和小同，觉得她们才是真正的朋友，而自己所拥有的友谊就像一个笑话。

对于小孤的困扰，心理老师很欣慰她愿意来这里寻求帮助。心理老师平和地聆听小孤的困扰，与她一同探讨困扰背后的原

因，给予她情感支持，并让她尝试探讨适合自己的人际关系，寻找能够帮助她解决人际关系、找到知心朋友的有效方法。但是心理老师也知道，不仅小孤有这样的困扰，其他人也有，包括小孤羡慕的对象——小双。

小孤不知道的是，小双前几天也找过心理老师谈论自己的人际问题。小双和小同是一个小学毕业的，她们有共同的兴趣爱好，家也离得近，所以从初一开始她们就是好朋友。虽然她俩偶尔闹点小矛盾，但是一般很快就会和好。小双一度

觉得小同非常理解自己，自己有烦心事，特别是和父母吵架的时候，小双总会向小同倾诉。但是最近小同和新同桌小丽走得很近，小双很生小同的气，觉得好朋友只能有一个，不能三心二意。小双觉得自己被背叛了，表示自己并没有知心的朋友。

不管是小孤还是小双，她们都渴望建立良好的人际关系，拥有懂自己的知心朋友。在学生成长中心，心理老师还在继续接待像小孤这样的学生……

专家解析

人际交往对于人类来说特别重要，没有人可以脱离人际关系健康地生活。心理学家马斯洛提出了需要层级理论，认为人在满足了基本的生理需要和安全需要之后，就会有人际交往的需求，在人际交往中感受爱和归属感。良好的人际交往能给人支持、尊重和爱，这会帮助一个人保持良好的心理状态。而对未成人来说，人际交往还有其他重要的意义，比如帮助未成年人形成健康的人格，帮助未成年人独立自主，帮助未成年人调节行为，帮助未成年人获得新知。

本案例中的小孤在青春期遇到人际交往方面的问题，可能与几个方面的心理状况存在关联。一是依恋类型。依恋类型包括安全型（可以安心地与他人建立亲密关系），焦虑型（渴望与人亲密，又担心失去，与他人若即若离），回避型（回避关系，追求独立），混乱型（高焦虑同时又高回避，混乱状态）。小孤可能是焦虑型或者混乱型，所以在人际问题上敏感、焦虑、回避。二是青春期的自我同一性问题。青春期的孩子有一个重要任务就是要回答"我是谁？""我要到哪里去？"。在这个阶段，青少年要在与同学的交往中去确认自己的身份，当自己不那么稳定时，对自己的评价随着同学的态度忽高忽低，就容易人际敏感。三是气质类型。每个人都有不同的气质，案例故事中的小孤体验深刻，善于察觉细小的事务，所以在人际交往中往往容易想得多。合理看待小孤的问题，抓住这个机会引导小孤思考和自主探索，是小孤快速成长的重要机会。

专家支招

▶ **对于小孤**

　　积极沟通是小孤建立良好人际关系的有效途径。在遇到人际关系上的应激事件时，可以从多角度去审视和分析事件，调整自己的情绪。同时，要大胆地与同伴积极沟通，真诚表达自己的想法和态度，让朋友体会自己的感受和理解自己的想法，构建更牢靠的人际关系，也加强了自己和朋友之间的联系。在与朋友沟通的过程中要注意共情他人，体谅和理解他人的感受，不要急着提建议，认真和耐心地倾听。积极参加团体活动，主动融入集体，与更多的同学相处，扩大自己的人际交往圈。倘若自己仍然没办法调和好人际关系上的困扰时，向值得信赖的长辈或者老师倾诉，及时获得帮助。

▶ **对于家长**

　　家长要重视孩子的友伴交往问题，意识到人际关系对孩子成长的深远影响。家长应当了解孩子的人际交往现状，了解孩子交朋友的情况，多与孩子进行沟通，指导孩子处理人际关系问题。如果家长发现孩子缺乏人际支持，就要鼓励孩子多与同龄人交往，创造一些有利环境让孩子巩固友谊，结交新的朋友；如果家长发现孩子交往的同伴有行为问题或者其他问题，切不可让孩子马上远离"坏孩子"，一定要进一步了解；如果孩子告诉家长自己遇到了交友问题，家长一定不要掉以轻心，要了解孩子遇到了什么样的困难，并给予细致的指导，帮助孩子掌握有效的人际交往技巧，形成成熟的人际交往模式。

▶ 对于老师

学生个人良好的人际关系能促进自己与他人健康成长。因此，老师要在班级中营造良好的人际交往氛围，教给孩子们一些人际交往的技巧，及时处理学生的人际交往矛盾。如果发现班级中存在不和谐的人际关系，不要急着调整，而是深入了解具体情况，帮学生从混乱中找到符合班规且适合自己的人际关系，这也是学生社会化成长的一部分。老师要进行积极的引导，勉励学生要有是非观念，不盲目从众，保持自己的个性，寻找真正给自己带来正能量的友谊。

第 11 节
焦虑考试的小琳

龙海舟

案例故事

　　小琳出生于某乡镇，今年 15 岁，她身材瘦小，皮肤黝黑，脸上长了痘痘，是一个内向的女孩子。小琳家里有两个孩子，姐姐大她两岁，目前读职高，有辍学外出打工的打算。小琳从小就和爷爷奶奶一起生活，直到六年级的时候，父母才把她接到身边一起生活。小琳的父母文化水平不高，两人在当地经营着一家小餐馆，平常比较忙碌，对孩子的管教比较少，但是对小琳的要求都会尽可能地满足。小琳也十分懂事，希望自己能够有好的成绩，让父母感到高兴。

　　小琳就读于一所普通的九年一贯制中学。由于离家比较近，小琳选择了走读。小琳目前是一名初三学生，在班级里不太出众，不容易引起老师和同学的关注。由于小琳七至八年级的各科成绩在班上靠前，甚至还考过一次全班第五，因此她对自己的学习抱有较高的期望，坚信自己能够考入理想的高中。

但在初三的这段时间里，小琳发现自己在学业上出现了各种烦恼。

自从升入初三，各科老师布置的作业变多了，上课进度也加快了，小琳觉察到自己学习变得吃力起来。小琳的文科成绩不错，但物理和化学对她来说还有些困难。小琳每天都会花些工夫查漏补缺，老师让成绩较好的同学做一做难题，把分数提一提，她也开始这样做。可是小琳基础不牢，丢分也多，现在两头都要顾，她感到非常苦恼。每次临近考试，她就会感到不舒服。

一次期中考试，小琳在考试前一晚失眠了，她一晚上都没睡着，很担心自己没复习好导致考得不好。果不其然，第二天的考试考到了几道小琳复习过的大题，但因为掌握得不扎实，丢了很多分，小琳感到很自责。而同桌这次考得不错，被老师表扬了，同桌还特意把这个消息告诉了自己。小琳终于忍不住了，在这之前，她没有一次考试成绩被同桌超过，可是这次……小琳偷偷地在家大哭了一场。

后来在单科小考时，小琳在考试过程中就开始肚子痛、脑袋疼。考了一半，小琳就跟老师请假去校医那里。校医确认小琳没有大碍，认为她可能是考试压力太大了。

父母得知后非常着急，开始降低对小琳的期待，减少对她的压力。后来小琳的心态好了很多，初三过半，小琳也找到一些学习窍门，成绩也有了提升。可是之后的几次小测验，小琳还是容易心慌，会出现很多计算失误，小琳自己也觉得不应该，可还是做错了。她非常自责，同时感到重点中学的目标离自己好远。父母也跟着着急，父亲不敢给小琳压力，总是默默地叹气；母亲也很担心，偷偷地给小琳的小姨打电话，说再这样下去要是中考发挥失常考不上高中怎么办。小琳在自己的房间做作业，偶尔会听到父母的动静，她感到特别内疚，便督促自己打起精神做作业，可怎么也做不进去……

班主任找到小琳，详细地分析了她近期的考试试卷，指出小琳目前存在的问题：在物理和数学的基础题上过失性丢分太多，超过了 20 分，要不就是审题错误，要不就是计算到最后几步算错，要不就是得出了答案却选错了选项；大题得分率比较高，但中档题发挥不稳定；英语答题卡差点没填完，要不是监考老师最后提醒，差点就出现重大失误了。

考场
06

　　这段时间，老师能明显感觉到小琳在听课的时候非常努力，但是效率低下，时不时就在发呆，不知道在想什么。小琳说她脑子里好像有个小人儿，反复提醒自己"一定要听懂""一定要考好"，这样反而非常干扰她听课和考试，她的心情也变得焦虑起来。而她越是焦虑，越是不断提醒自己，从而陷入了恶性循环。班主任觉得这个现象和心态关系很大，过失性失分也是学科教学中较难解决的问题，于是推荐小琳到心理老师那里评估一下最近的学习生活状态。

在学校心理健康中心，专职心理教师给小琳做了一个中学生心理健康诊断测试（MHT），发现小琳存在一定程度的学习焦虑和自责倾向。在心理辅导的过程中，心理教师做了心理评估，还发现小琳存在轻微的强迫倾向。这些测试和评估只是反映小琳近期的状况，并不能说明小琳存在病理性的问题。因此，老师向小琳解释道，这个测试反映出小琳最近对于学习表现出担忧和焦虑；同时，对自己的表现不满意，会自责；脑子里会反复出现一些词语，如"一定要听懂""一定要考好"，有强迫思维的表现。之后，老师结合小琳的成绩、近期表现、人际和家庭关系，把表现出的这些症状做了一一的梳理。

专家解析

首先，本案例故事中的小琳正处于初三年级的毕业冲刺阶段，学业难度进一步提升，而某些科目基础不牢则会让小琳的无力感凸显。考试是能否平衡学业状况的综合反映，所以让小琳感到焦虑。简言之，小琳的考试焦虑，本身就和目前的知识储备、能力及学业进度有关。其次，小琳曾经有过较好的成绩，自我定位高。学业难度变化后，小琳未能及时调整自我期待，以至于看不到自己的进步之处，一味否定自己，担心考得差让期望落空。成绩的好坏牵涉人际比较，青春期学生容易过分看重他人的评价，愿意竞争，甚至过分看重竞争，而小琳与同桌在成绩上暗自较劲，担心考差后没面子。再者，父亲对小琳有过度的学业期待，母亲对于小琳考不上普通高中有过度担忧，不论考好考差，小琳考试之后都要面对父母施加的压力。

同时小琳的强迫思维"一定要听懂""一定要考好"，是由于不知道如何缓解焦虑，再加上自责感的驱使，从而采取命令式的口吻来逼迫自己集中注意力的表现。小琳肚子痛，是她处理负面情绪的一种方式，这是一种应激反应，是在压力特别大的时候采取的逃跑策略。经过问题分析，情绪梳理，调整行为策略，小琳的强迫思维是可以化解的。

　　总之，小琳的种种表现，是由本身的性格特征，自己对于学业的过度要求，与同学和家长的关系所带来的压力，处在初三毕业冲刺阶段的现实境况等因素共同引发的。所产生的焦虑情绪、自责情绪和强迫思维影响到了学习状态，最终反映在学业成绩上。

专家支招 🔊

▶ 对于小琳

　　承认现状，正视失败，暂时降低期待；制定阶段性目标，扎实进步，不一味否定自己，逐渐自我接纳，重拾自信。具体措施如下：（1）处理焦虑情绪。通过和同学敞开心扉交流，化解隔阂，找到共同目标，从过度竞争转向合作共赢。还要和家长表达自身的焦虑和担心，得到家人的理解。家长如果能放下焦虑，给小琳一个中肯的回答，也能化解小琳不切实际的想象。（2）处理自责情绪。正常化这种情绪，明白每个有自我要求的同学或多或少都会在学业成绩不理想时批评自己。学着善待自己，自我接纳，不批评自己的种种表现。（3）处理强迫思维。认识到强迫是找不到调节方式时所采用的一种刻板的自我要求，用"我允许自己犯错""我尽量听懂""我争取考好"等切合实际的积极心理暗示替代强迫思维。（4）学习听课和考试的技巧。在听课前预习，提前明确任务和难度，带着问题去听，针对性解决问题，不贪多。在考试读题时，用指读和动嘴唇而不发声的阅读代替原来的默读。在填答案前，重读一遍题目。打草稿时，学会分区使用草稿纸，减少答案提取和计算的失误。

▶ **对于家长**

多和老师沟通，了解孩子的实际情况，不被孩子的焦虑情绪带偏，同时要放下期待，争取和孩子达成学业目标上的共识。中学阶段的学生相比小学生，会向家长保留一部分内心想法，家长不能只从孩子在家的表现来判断他们的状态，要积极地和老师沟通，并主动带着这些信息和孩子确认。多倾听，不批评，不和他人比较，不给孩子贴标签，争取建立信任关系，这是面对问题、解决问题的第一步。家长的期待本身就是孩子的压力源，积极面对可以把压力转化为动力，让孩子感受到家长的支持。孩子处在压力下，天然地想要求助于他人，家长在此时"雪中送炭"，反而能够赢得孩子的信任，建立和谐的亲子关系，进而助力孩子成长。

▶ **对于老师**

引导学生正确看待考试，避免同学之间在成绩上盲目攀比、过度竞争；教学上照顾整体的同时，尽可能因材施教，帮助学生明确个性化的学业发展目标。班主任可借助小琳考试和学业焦虑这一现象，进行班会活动，引导全班学生正确看待考试，学习调节压力的技巧。在这个过程中，既能够把握班级整体学习动向，又能够开诚布公地讨论学生之间暗流涌动的关系，促进学生发展和谐的人际关系，从而形成班级凝聚力，坚定班级共同努力的方向。科任老师也要在预习、上课、练习、考试等各个环节，传授学科学习的技巧，把如何端正学习和考试的心态融入到教育教学中，引导学生积极应对挫折，培养他们的抗压能力和阳光心态。

第 12 节

偏科还有救吗？

刘　宇

案例故事

　　高个子，扎着马尾辫，皮肤很白，有两个小酒窝，还戴着一副黑框眼镜，这是小 P 留给人的初步印象。小 P 是一个独立且主动的女孩子，今年 15 岁，目前就读于某重点中学初二。

　　小 P 家里共有五个人（父亲、母亲、弟弟、奶奶和她）。父亲是一名外科医生，经常值夜班；母亲是一名高中语文老师兼班主任，经常到十点多才回家；弟弟目前刚上一年级，主要由奶奶照顾，接送上下学。在家里，长辈们都没有太多时间顾及小 P，而小 P 也能处理好自己的生活事务。目前，小 P 在学校住宿，周末才回家，同时她也是班上的生活委员。

　　小 P 的父母工作比较繁忙，平常没有太多时间陪孩子，但一直很重视培养小 P 的学习能力。小 P 从小到大阅读了很多书籍，幼儿园大班的时候，小 P 就能够完成小学一年级的数学题目，也学会了很多字，还去过许多地方旅行，特别喜欢历史，爱看《国家宝藏》这样的历史文化节目，多次在语文作文中写到自己想成为一名历史文化的推广者。父母对小 P 期望很高，小 P 小学时成绩优异，在小升初的时候被多所重点中学录取。

小 P 后来顺利升入本市重点中学。进入初一以后，很多知识都是小 P 假期已经学习过的内容，由于基础比较扎实，所以小 P 的学习成绩在刚开始仍然很优秀。但随着时间的推移，小 P 觉得初中学习和小学有很大的不同，尤其是在曾经擅长的数学方面。初中老师讲课节奏很快，题目也不像小学一样是重复的。小学老师是年轻的老师，上课很有活力，初中老师是严肃的中年人，在课堂上不苟言笑。这些都给小 P 带来不小的压力，让她学习起来有一些吃力。

初一下学期期末考试，小 P 的数学得了 D（不及格）。面对这样的成绩，小 P 难以接受，感觉天都要塌了。她问了曾经的小学同学数学考试的成绩，结果没有一个数学不及格，为此，她对自己的能力产生了怀疑。对于小 P 的学习成绩，父母、班主任还有数学老师也感到意外，特地找她谈话，叮嘱她一定要把数学成绩提升上去。母亲还专门给她买了很多数学辅导书籍，在网上下载了其他省市的数学试卷。小 P 几乎把每个周末的时间都花费在完成课外数学练习上，这导致她喜欢的历史书都没有时间阅读。

小 P 的父母和小 P 本以为这样会有效果，结果在初二开学后的定时练习中，小 P 的数学成绩仍然是 D。小 P 在课堂上明显感觉注意力不能集中，拿到考试试卷常常发呆，迟迟不能下笔。小 P 的其他科目成绩很好，尤其是历史，她特别喜欢了解历史人物，对他们的事迹如数家珍，并且能有自己的看法。在学校里，小 P 积极参加各种人文活动，比如演讲、戏剧表演等，她把自己知道的历史故事和同学分享，为此还获得过学校不少的奖励。但每次当她将这些开心的事和父母分享的时候，父母却总是让她少花点时间在历史上面。父母认为中考历史就占 50 分，数学是 150 分，以后考高中、考大学都要看数学，学理科才能找到赚钱的工作，才能出人头地。

小 P 感到很烦恼，她觉得自己此前已经付出了许多时间和努力，但是努力了效果也不好，因此现在她对数学越来越不喜欢，甚至还开始讨厌起学数学。在这学期的数学课堂上，小 P 经常犯困打瞌睡，有时候还会偷偷阅读历史书或文学作品。只要一提起数学，她就感到脑袋发胀，手脚无力。在最近的期中考试中，小P其余学科成绩都是A，唯独数学考了D。她自己也很难受，但是一直找不到好的解决方法，这件事也一直困扰着她。

为此，小P来到了学校的心理咨询室，找到了心理老师，向心理老师诉说。小P觉得自己很笨，认为数学学不好的人都是头脑不聪明的人，自己没有遗传到父母的聪明基因，而且自己越来越差劲了，这样下去会考不上高中。她想按照父母说的，不再把时间用在其他学科上，专心攻克数学，但是看到数学书和试卷就害怕，心跳加快，身体难受，想学历史又怕数学成绩更差了，她不知道该怎么办。

专家解析

我们可以看到，本案例故事中的小P因为进入初中数学成绩落后，产生了不自信、自我否定的心理变化，甚至在躯体层面也出现了一些应激反应。偏科在中学阶段是一个很常见的现象，学生经常出现学业困难。偏科涉及学习心理，有主观的因素，同时也存在客观的原因。

关于客观原因，我们需要知道，人类大脑有着复杂的结构，左脑被称为理性脑，而右脑被称为感性脑。孩子出现了偏科现象，优势脑往往是一个客观的原因。如果孩子的优势脑是右脑，那么可能更擅长文科，如果孩子的理科更优秀，那么他（她）的优势脑为左脑。但在我们的实际生活中，大部分的孩子文理科不会有太大的差异，因为这个分工并不是绝对的。很多研究证实，后天的训练可以改变思维习惯，进行全脑开发是可行的。

关于主观原因，我们可以看出，小 P 从小学进入初中，环境发生了改变，学科内容和难度也不一样，老师的风格也截然不同，小 P 显然没有做到很好地适应这些改变。她照搬了小学的学习模式，运用自己以往的成功经验来应对新的挑战，但是收效甚微，自己的信心也渐渐丢失。心理学上把一种强者愈强、弱者愈弱的现象称为马太效应。小 P 对数学学科越来越感到害怕，越来越没有信心，没有学习动力或者说没有自身内在的学习动力，产生了消极的感受与应对方式。久而久之，就会出现"我很笨，不适合学数学"这样的定势思维。一次次的考试不理想，也强化了小 P 的失败体验。

　　另外一部分主观因素来自家长和老师。小 P 的父母过于重视数学学习，忽视了孩子的兴趣所在，同时给予小 P 过大的压力，压得小 P 越来越不自信。小 P 对数学的畏难情绪会不断增加，也会更容易排斥数学，想要学好数学就更加不可能。同时，对于小 P 擅长的学科，父母没有及时给予肯定与支持，让孩子在心理层面感到受忽视，也让孩子产生了自我矛盾，要在自己喜欢的和父母要求的事物之间做出抉择，这不利于孩子健康心理品质的培育。老师对孩子的教育引导也需要更全面，需要认识到不同学科的特点不一样，在初中阶段应当给予学生相应的生涯指导。

专家支招 🔊

　　初中生处于青春期的前期，来自方方面面的压力随时都会出现，偏科也是他们在学习层面需要去认识和改进的一个问题。

► **对于小 P**

了解大脑有不同的分工，知道理性脑和感性脑都是不可缺少的，数学成绩不理想不代表自己笨，找到优势，找回自信。"新木桶效应"指出，如果把木桶倾斜，这时候决定盛水量的不是那块最短的板，而是长板。所以，不应总是盯着最弱的那块板，而是应该找到优势板，想想自己在优势学科中是如何做的，把优势学科中的成功经验迁移到弱势学科中，树立信心。同时坚定自己的目标，从自身实际出发制订计划，看到自身的潜能和优势，提前做好生涯规划。

► **对于家长**

积极和孩子沟通。孩子在初中阶段，生理和心理方面都发生了极大的变化，家长不能用一成不变的眼光去看孩子，也不能用以前似乎有效的方法来对待现在的孩子。家长应加强和孩子的沟通，了解他们的真实想法，了解孩子的兴趣所在，把帮助孩子树立信心放在补课之前。与此同时，了解社会对不同行业的最新要求，和孩子一起做好生涯规划，在改变孩子不合理认知的同时让自己也与时俱进。

► **对于老师**

应对偏科的学生给予理解，更需要从学习方法上对学生进行指导和帮助。一方面，班主任和数学老师需要加强合作，对小 P 的数学学习状况及时追踪和辅导，适当降低目标，教授学习技巧，从根本上提高小 P 的学习效率，帮助小 P 提升自我效能感。另一方面，需要从心理方面对小 P 进行心理辅导，帮助小 P 做好归因和合理情绪调节，给予小 P 更多心理能量，为小 P 的心理赋能。

第 13 节
我想有人爱，难道错了吗？

张境倍

案例故事

　　昭昭是市内某重点高中一年级的一个女生，今年 16 岁。她面容白皙，身材高瘦。她的成绩稳定，处于班上中间水平。老师和家长都认为她只要努力，成绩就能有很大的提高，但她自己对成绩不怎么在意，也没有特别高的要求。昭昭从初二开始就特别在意自己的形象，对穿着打扮非常在意，并会偷偷网购化妆品，学着给自己化妆，周末及节假日会精心打扮后出去跟同学玩，也曾表达过想在同学家过夜留宿，但父母并未同意。父母平时在家也经常会和昭昭产生一些矛盾，昭昭则动不动就顶嘴，爱发脾气，情绪很暴躁。

　　昭昭觉得自己与父母的关系比较疏远。妈妈在自己 11 岁的时候有了弟弟，弟弟今年 4 岁，妈妈花更多的时间和精力在弟弟身上，自己在家却是可有可无的存在，跟弟弟的关系也一般。

之前是妈妈在管昭昭，后来妈妈需要照顾小弟弟，就由爸爸负责她的生活起居以及学习。但爸爸平时比较忙，也比较严肃，昭昭很少打扰他。因此，昭昭觉得父母根本不关心自己，也不能理解自己的想法，自己很孤独。上了高一，班上有位男生向昭昭表白，昭昭就接受了。男生很温柔，也很体贴，对昭昭非常照顾。昭昭是住读生，男生是走读生，男生每天会给昭昭带早饭，下午放学后也会和昭昭一起去吃晚饭，然后在操场上散步。昭昭觉得自己飘浮的内心有了扎根的地方，特别喜欢恋爱的感觉，觉得自己在男朋友的世界里是最重要的人。

　　班主任很快发现了昭昭恋爱的事，觉得他们的行为触碰到了底线，让双方家长到学校来谈话。昭昭当时内心很害怕，不知道怎么面对这种情况，但男生站了出来，把所有的责任都揽在了自己的身上，在老师和父母面前维护昭昭，这也让昭昭更加坚定要和他在一起。老师觉得昭昭爱打扮，谈恋爱，这些都会影响班上其他同学，让到校处理这件事情的爸爸严格管教昭昭。

　　爸爸回家后很生气，把昭昭的化妆品、饰品都丢了，甚至用剪刀把昭昭漂亮的裙子剪了。妈妈虽然没有打骂昭昭，但一直要求她跟男友分手，觉得昭昭不懂事，只会给家里添乱。昭昭很伤心，扬言要离家出走。昭昭的父母觉得闹心，决定带孩子进行心理咨询。

专家解析

  16岁的昭昭正处于心理发展的重要时期——青春期。在这个时期，昭昭表现出对亲密感的需要，并开始发展家庭以外的一些社会人际关系，这是个体心理发育的正常规律，需要得到理解。昭昭处在青春期，身体上和心理上都在寻求更多的独立，却又无法像成年人一样有能力离开自己的家庭。一方面，昭昭对父母的养育、关爱和照顾仍有很高的需求，但因为弟弟的出生，昭昭并没有得到期待的满足，妈妈的关注大部分集中在弟弟身上。另一方面，昭昭也有获得亲密感的需求，她没有感受到家庭的支持和接纳，也没有感受到家的归属感，却在男朋友那里得到了需要的爱和照顾。这些陪伴和关注呼应了昭昭内心的需要，而这种亲密关系的尝试也使得昭昭与父母之间的关系变得紧张。这些问题都是需要各方努力，不断沟通和调整的。

专家支招

> ► **对于昭昭**

对青春期的孩子来说，了解在这个阶段将会发生什么样的身体及心理变化是非常有必要的。在这个阶段，不仅仅是身体，我们的心理上也会有很多需要完成的人生功课，比如觉察和稳定如坐过山车一样的情绪，在家庭之外建立和发展我们新的身份，正确认识"我是谁""我是否会受到欢迎""我将会成为怎样的人"之类的问题。因为这些没有标准答案的问题，我们会表现出不安，会感到焦虑，甚至会感到混乱。这些都是我们需要慢慢去体会和完成的功课，不要着急，每个人都一样，没有例外。我们可以有自己的秘密，我们也可以交到好朋友，但当遇到困难，自己无法解决时，我们需要做的，就是尽量保持跟爸爸妈妈的沟通，努力让他们理解我们的感受和处境。我们要学会面对挫折，也要学会用语言表达感受，学会顾及别人的立场，同时把自我的发展放在重要的位置。最重要的是，我们要保护好自己，同时积极寻求可以支持我们的可用的资源。

▶ **对于家长**

首先，需要了解青春期孩子正常的生理心理特征，了解孩子可能会发生什么样的改变和成长。他们会对异性好奇，会想去尝试跟同伴或异性建立不同的关系，这些都是正常的，家长需要理解和接纳。从本案例故事来看，对于昭昭恋爱的行为，父母的反应引发了昭昭非常强烈的不满。

其次，试着接纳和理解孩子的情感，不要侮辱或贬低孩子，更不要非好即坏地把事情道德化。这里的接纳和理解，并不是毫无底线地支持，而是为了更好地共情孩子，维持良好的亲子关系。就昭昭的父母而言，要对孩子的行为有自省的觉察。这种觉察是能注意到昭昭在这个家庭里没有得到支持性的关爱和应有的照顾，她并没有体会到父母对她的爱，只感受到忽略和指责，她的内心有委屈、不满、失望、愤怒，也有不安。所以，当青春期的昭昭遇到一个能给她关爱和照顾的男生，她内心的需要被看到，由此建立的恋爱关系是能被理解的。

第三，建立必要的亲子交流并保持畅通。从另一个角度来说，正是因为昭昭恋爱这件事引起了父母对她的持续关注，这种关注恰恰是她内心一直期待和渴望的。昭昭妈妈因为弟弟的出生，调整了关注的对象，显然，接棒工作的爸爸也没能给昭昭提供稳定的关爱。现阶段，重新建立和保持与昭昭的沟通是很有必要的。这样，当昭昭遇到不恰当的对待，或者遇到无法解决的问题时，父母能及时知晓并提供帮助。当亲子沟通保持良好时，家长才能介入孩子的问题并提供具有参考价值的想法。

► **对于学校**

在青春期这个阶段，校方及老师在面对孩子不同的问题时，应该保持一种富有弹性的态度，不急于给孩子贴标签，也尽量不给孩子负面的评价，而是更多地思考校方及老师这个角色可以为这个阶段的孩子所能提供的帮助，思考他们的行为背后究竟表达了什么样的需求。对于本案例故事中昭昭的行为，需要理解她在成长的过程中不得不承受父母关爱的部分缺失，她也在努力适应和找到自己的位置。当有这样的看法后，也会对昭昭多一些理解，这种理解会让昭昭的内心被看见，从而有空间去思考和调整自己的行为，老师也能在责任和理解中寻找到平衡。

第 14 节
小路最怕考试

舟曼利

案例故事

　　小路是一个 17 岁男生，目前读高二。小路身高一米八一，头发蓬松，身形偏瘦，常着黑色衣裤，手上经常拿着自己制作的"小武士刀"玩具摆玩，他的话非常少，经常埋着头。小路的父亲是一家公司的高管，经常出差或者在公司开会。小路的母亲是一个自由职业者，爱好打网球，打扮时尚，近日也在小路的学校附近租房，专职照顾小路的饮食起居。

　　最近，小路在学校发生了一些事，让小路的母亲非常焦虑。原来，小路的老师通知小路的母亲到学校，告诉她小路在晚自习期间用手抠指甲，导致出血。老师发现后问小路原因，小路也不回答，所以通知了家长。老师还告诉小路母亲，小路的学习状态很差，上课看似没有偷懒或做小动作，但是考试成绩不理想，特别是最近的期中物理考试，小路的成绩居然没有及格，和上次的成绩相比差距较大。

后来小路和妈妈一起去了心理咨询室。刚进咨询室，小路就要去上厕所。小路的母亲表示，小路在补课时也经常突然要上厕所，而且会上很久，后来才发现他在厕所玩手机。母亲多次敲门提醒小路尽快出来，小路不耐烦地出来了，家庭咨询正式开始。小路表示自己在初中上课时努力听讲，上课的内容都能听懂，能跟上老师的思路，虽然作业多，但都能完成，中考顺利考上了重点高中。但从高一开始，理科特别是数学和物理的难度逐渐加大，他努力听老师讲课，但有时确实听不懂或者只能听懂一部分，课后的作业也难以完成。小路觉得自己听课的效率很低，完全没有初中时的那种学习状态，通过补课或者问老师，小路解决了一些问题，但他不好意思问同学，因为同学之间基本不会谈论学习的事情。这种不良的学习状态一直没有得到改善，小路自己也不知道如何去改善。

刚进入高中时，小路成绩排名中上，但随着这种状态的持续，小路在一次期中考试中，成绩总分排名在班级靠后。小路知道成绩后，主动向母亲提出了上补习班的要求，母亲也通过各种努力安排小路在每周末补习数学和物理。但是，补习一个多月

下来，小路的数学和物理成绩非但没有进步，小路还出现了生病请假、躲避考试的情况。小路最近请假也越来越频繁，比如早上因为迟到被老师说了一下，小路就给母亲打电话表示身体不舒服要求请假。小路母亲没有同意，然后就出现了开始的一幕，小路用手抠指甲，导致指甲出血，老师发现后通知小路母亲到学校将小路接回。

　　小路表示，上高二时开始分科，为了考上自己理想中的大学，他决定选择自己较薄弱的理科，学习压力也比高一大了很多。因此他更加努力地学习，早上七点不到就到教室开始了晨读，晚上十一点还在挑灯复习。他觉得非常累，但他害怕如果不这么努力，就没法补上薄弱的物理，更别说赶超同学考上理想中的大学。本以为自己这么努力，学习成绩一定会变好。然而，考试前几天，小路却紧张得睡不着觉，生怕自己的努力白费。考试时，小路不知道自己怎么了，双脚不停抖动，脑袋一片空白，握笔的手心全是汗水，心慌难受，小路就这样硬着头皮完成了考试。小路知道这次考砸了，按照目前的成绩和状态，很难考上目标院校。为此，小路特别焦虑，食不知味，寝不能安，陷入闷闷不乐的情绪之中难以自拔。在认识到自身的困境之后，小路也曾尝试利用积极心理进行自我调适，然而收效甚微。他说："待在学校我会很难受，难受的时候我就会抠手指甲。"

专家解析

　　本案例故事中小路出现的问题，是高中生面对学习困扰时比较容易出现的状态，表现为面对考试时存在明显的焦虑，长此以往甚至出现信心不足、逃避退缩，更严重的会出现厌学、抑郁等情况。青少年阶段心理发展的主要任务是自我同一性的建立，在这个过程中，青少年的依赖性与独立性、开放性与闭锁性、成熟性与幼稚性并存。他们渴望独立，有远大的目标和愿望，但自我认识往往不够。正如案例故事中的小路，他通过自己的努力考上重点高中，但高中的学习难度明显增大，刚开始他还能适应，渐渐地却显得比较吃力。在这个时候，小路不但没有对自己的状态进行反思和调整，反而为自己设定了更加困难的目标。他的学习压力非常大，学习焦虑也越来越严重。虽然他很想通过自身勤奋刻苦、课外补习等方法来提高成绩，但学习效果仍旧不佳。最终，在这种高焦虑的情绪状态下，小路已经没有办法再积极面对考试和学习，因此选择了生病请假等方式来逃避学习，也出现了抠手指甲这一具有伤害性的行为来缓解焦虑等不良情绪。

专家支招

▶ **对于小路**

首先，正确评估自身的实际情况。正确评估自己的能力及潜质，拟订科学合理的学习目标和学习计划，适度降低自我期待，给自己减压，允许自己目前状态不佳，告诉自己这只是暂时的，然后加强自我监督，不断向目标靠近。认识自己可以通过以下四种方式。

（1）自我比较法。通过将现在的自己和过去的自己相比较，把自己的期望目标和现实情况相对比，看到自己的进步和奋斗努力的方向，同时不断调整目标方向。

（2）他人评价法。可以通过老师、同学的评价来认识和了解自己的学习情况。当然，对老师、同学的评价也不能全部接受或全部否定，对别人的评价要客观分析。

（3）自我提问法。主要通过反省自己、分析自己的方式来了解自己。可以通过"我是谁"等问句来反省自己，进而不断增强自我认知。

（4）测量法。心理测量评估也是全面了解自己的有效方法之一，包括人格测验、心理健康水平测试等。可以到具有心理测评资质的专业机构或医院进行测评。

其次，积极主动调节自我情绪。个体的成熟往往伴随着情绪调节能力的不断增强。在学习的过程中，若出现焦虑情绪，我们要学着调节自己的情绪。一般来说，深呼吸、肌肉放松调节法、合理宣泄调节法、积极自我暗示等，都是较为有效的情绪调节方法。

（1）深呼吸。将两只手分别平放在大腿两侧，慢慢地闭上双眼，想象自己沐浴在明媚的春光下，平躺在松软的草坪上，这是个让你感受到轻松自在，感到绝对舒适、安全放松的地方。然后将双手放在自己的肚子上，用鼻子吸气，想象鼻前有一束清香淡雅的花，用力吸气，用力吸进这香味，尽量地吸。同时心里默数"1，2，3"，别急着吐出来，憋住一会儿，感觉这香味顺着你的鼻子进入你的肺脏，进入你的身体。现在用嘴巴呼气，慢慢将这股气呼出来，这个时候想象自己像一只在撒气的气球，肚子里的气一点一点顺着鼻子呼出，或是想象自己在吹肥皂泡，用力长长地呼气，同时心里也默数"1，2，3"，然后把气吐完。反复做以上练习，直至感到放松下来。

（2）肌肉放松调节法。首先将手轻轻握住，就好像手里握着一个小软球。心里说"握紧"，就将手握得紧紧的，说"放松"，就迅速把手松开。接着进行手臂的放松练习。把手臂伸直，就像一把笔直的尺子，然后突然把手臂放下，软软地自然垂下，就这样做手臂绷紧—放松—绷紧—放松的反复练习。最后可以做腿和脚的练习。和手臂一样，将双腿和双脚绷直，像一条直直的棒子，然后放松，感受绷直—放松—绷直—放松，反复练习，就会觉得身体放松了很多。

（3）宣泄法。也可以选择在适当的场合采用宣泄的方式去调节消极情绪。例如哭泣，哭泣其实是一种调节消极情绪的积极有效方式，可以缓解我们的消极情绪；倾诉，当我们有情绪困扰时，可以找一个自己信任的人，去倾诉不愉快的事情，排解内心的苦闷；歌唱、跳舞或运动，当负面情绪积压在心中，不妨去唱唱歌跳跳舞，去健身运动，通过有节律的运动释放压力。

（4）积极自我暗示法。改变我们对事情的看法，事情有时候没有我们想象的那么糟糕。每天对自己进行积极的自我暗示，如"我可以克服，我能行"，让自己拥有积极心态，增强自信，提高抗挫能力。

► **对于家长**

建议家长多陪伴孩子，支持鼓励孩子，并给予理解。帮助孩子分析问题原因，多了解孩子自身情况，发掘积极资源，不对孩子进行无端指责，也不要将孩子跟别人比较。家长自身也要保持情绪稳定，放松心情，尽量不要让自己的焦虑情绪影响到孩子。

► **对于学校**

建议老师对有学习困扰、焦虑明显的学生进行积极鼓励，引导教育，让他们看到自身的优缺点，客观评价自己，并且制定合理的学习目标。还可以使用榜样法，如以某些名人、老师或同学处理考试前紧张情绪的经验，即以他人既往成功的经历来教育学生，必要时学校的心理咨询老师可及时给予心理援助。

第 15 节
小张"讨厌"的老师

冉曼利

案例故事

小张今年 16 岁，是某中学高一学生，一直住校。小张体形偏瘦，喜欢穿一身运动装。小张母亲一来心理咨询室，就说："这孩子最近不去上学，我们可愁坏了，也想了各种办法，比如承诺去上学就给他买最新款的运动鞋，可是孩子就是不愿去上学。孩子在家已经一周了，学校老师也在问孩子情况，怎么办啊？"这就是小张母亲第一次找到心理咨询师时的情景，她焦虑无奈的表情让心理咨询师至今还历历在目。

通过多次的交流接触，小张也逐渐和心理咨询师拉近了距离。他慢慢敞开心扉，道出了自己不去上学的原因。原来，就读于当地重点中学的小张，从小性格急躁、冲动，上小学的时候就比较调皮，常未经父母允许就拿零花钱买玩具，还和几个同学欺负班里弱小的同学，也常被老师"请家长"。尽管行为习惯不太好，但小张的学习成绩一直比较优秀。老师常评价小张很聪明，就是性格急躁、冲动，行为习惯不好。在家里，母亲对小张比较溺爱，每次小张惹了麻烦，母亲基本都能为其解决，不管是道歉还是赔钱。父亲则较严厉，会进行打骂教育。但由于父亲工作忙碌，母亲照顾小张的时间会更多，因此，小张和母亲的关系较好，跟父亲的关系较为疏远。

到了初中，学习的压力逐渐增大，因为小张自身比较努力，中考考上了理想的重点高中。上高中后，不论是学习难度还是同学间的竞争，和初中相比完全不在一个水平线上。这时的小张和母亲的交流逐渐变少，学习上遇到了问题也不会和母亲说，特别是高中数学和物理的难度骤然提高，小张学习起来力不从心，考试成绩也不理想，在班上排名靠后。数学老师的教育方式非常严厉，例如上课发现有学生走神发呆，会当众嘲笑、批评并惩罚。对于这种严厉的教育方式，小张十分不赞同，有时还会为遭罚的同学打抱不平。相反，他特别赞同和欣赏采用民主型教育方式的语文老师。有一次，小张因作业记错忘记做试卷，他跟数学老师解释这次作业忘记做是因为抄错了作业，并保证下次不会再出现这种情况。但因为此事，小张在班上被数学老师当众批评、罚站并罚写双倍作业。这一次，小张忍不住了，他在课堂上跟老师发生了言语冲突，还公开顶撞了老师，表示坚决不会接受老师的惩罚。在那堂数学课上，老师没有让他继续上课，并要求请小张的家长。由于小张的母亲在外地出差，因此只有父亲独自来到学校。父亲来到学校听到数学老师的讲述后，在学校对小张进行了严厉的批评，回到家后，父亲不听小张的解释，直接动手打了他。小张心里觉得特别气愤、伤心、委屈，觉得自己只是记错作业，没必要受到这么多的批评指责，于是坚决不去上学。

专家解析

　　案例故事中小张的经历，是青少年时期发生师生冲突的典型案例。师生冲突是课堂教学中的一种正常现象，处理不当会产生长期的负面影响。师生关系通常可以简单地分为三种：民主型、专制型和放任型。本案例故事中的师生关系属于专制型，即数学老师是权威者，教育理念是学生对老师要绝对服从，不允许学生发出任何不同的声音，师生之间完全是一种管理和被管理的关系。一般来说，专制型的教师和性格比较急躁的学生之间容易产生师生冲突，正如本案例故事中发生的师生冲突，刚开始总是充斥着愤怒、焦虑、不安与排斥等情绪。科塞的社会冲突论认为：冲突具有促进社会整合的功能。俗话说"不打不相识"，师生冲突如果能得到正确处理，如师生在冲突后进行有效的沟通、交流，促成师生双方的相互理解，师生双方甚至能保持长久的师生情谊。

本案例故事中，师生冲突的处理方式是不提倡的。学生在青少年阶段，情绪常常具有跌宕性，起伏大，行为易冲动。当老师与性格急躁冲动的青少年发生冲突时，采用当众嘲笑批评、惩罚、"以暴致暴"的高压策略等处理方式，常常会让事情变得更加麻烦、棘手。从小张的角度来看，师生冲突发生后，一方面数学老师的专制型教育方式和经常使用的高压策略让自己很难认同，难以接受；另一方面，在家庭关系里，母亲的养育方式属于溺爱型，父亲属于专制型，父亲也跟数学老师一样，不太会耐心了解孩子冲动行为背后的真正原因，武断地采用惩罚，甚至打人的教育方式。无论在学校还是在家里，小张都得不到理解，也没有人能真正跟他好好沟通，所以他干脆选择了自我逃避，最终不愿上学。

专家支招 🔈

▶ **对于小张**

学生与老师发生冲突，师生双方通常都负有责任。对小张来说，可以做的有以下几点。

（1）首先要做的就是认识自己的情绪，这是控制和调整自己情绪和行为的第一步，也是非常关键的一步。当冲突发生时，自己难免会产生愤怒、焦虑等情绪，可以尝试告诉自己：我现在的愤怒是由于老师批评了我，我觉得非常难受，因此我不服气，顶撞了他……

（2）接着应该看到自己的应对方式，即冲动和对抗。冲动和对抗往往会干扰我们的大脑，使大脑不能正确判断事情，从而不能解决眼下的困难。可以用一些小技巧来让自己冷静下来：一是深呼吸。数"1，2，3"让自己平静缓和下来，记得要反复多次，直到自己逐渐安静下来。二是隔离法。当我们遇到让自己愤怒、不痛快的事情时，如果条件允许，可以选择离开现场，这样可以让自己尽快平静下来，不至于影响自己的判断力。

（3）再是冷静反思。聚焦于我如何才能解决此次冲突？发生这次冲突的原因是什么？有哪些自身内在因素和外界环境因素？如果要解决这个问题，我该怎么办？倘若自己被这些问题所困扰，可以寻求其他人的帮助，如自己要好的值得信任的伙伴、尊敬且喜欢的老师或长辈（父母）等。如果没有以上合适的人选，也可以找学校的心理辅导老师或者专业心理咨询师进行咨询，向其告知发生此次冲突事件的经过，一起找到解决问题或矛盾的方法。

（4）最后也别忘了师生礼仪。尊重老师及老师的劳动成果是每个学生都应该具有的素质。老师也是普通人，跟大家一样，不可能十全十美，应正确对待老师的不适行为，委婉或间接地向老师提出意见或建议。可以积极与老师沟通，如果觉得当面沟通谈心会有点尴尬，可以采用写小纸条，写日记，发短信、邮件、微信等方式与当事的老师间接交流，主动承认并反思自己在冲突事件中的冲动行为，也可以说出对老师的期望，希望与老师建立何种相处模式，以及自己今后的行动与改进计划。

▶ **对于家长**

在家庭教育里，对于青春期性格急躁冲动的孩子，溺爱型、专制型的教育方式都是不提倡的，这些孩子相对而言更适合民主型的教育方式。特别是当师生冲突发生后，家长应该起到缓解矛盾、调解冲突的作用。家长应该站在老师和孩子双方的角度去分析看待问题，以中立的态度冷静处理，而不是偏向某一方。面对孩子，要耐心地跟他们一起分析事情的经过，看到孩子自身性格中的优势和不足，与孩子讨论商量出更好的解决矛盾的方法。面对老师，要用平和的语气加强沟通交流，总结孩子此次的冲动不当行为，也告知老师孩子的性格特点及行为方式，与老师一起讨论并调整适合孩子的教育教学方式。

▶ **对于学校**

老师要多耐心了解学生，与学生积极沟通，学习并了解他们的心理状况、行为特征，学习符合新时代背景的教育教学理念及技能，多反思自己的教育理念及技能，根据不同学生的性格特点进行调整。正如本案例故事中，性格急躁冲动的学生便不太适合专制型的教育方式，相对而言更适合民主型的教育方式。当师生冲突发生后，老师需要了解学生冲动对抗行为背后的原因，找到不良师生关系的形成原因，采用个体化的教育方法，而不是武断地一味批评指责。

第 16 节
和父母同睡的高二女生

汤文芳

案例故事

　　小萌今年 17 岁，正读高二下学期，在学校住读。她皮肤白皙，身段高挑，性格文静温和，对人彬彬有礼，从小懂事独立。小萌成绩中等，但作为舞蹈特长生的她，自己的独舞曾经获得过市级大奖，自己的梦想就是考上中央戏剧学院。小萌的爸爸妈妈在她很小的时候就外出打工，小萌和爷爷奶奶一起生活，直到高一，爸爸妈妈才回到小萌身边。高二下学期，小萌要参加专业的封闭培训，爸爸妈妈为了更好地照顾小萌，在舞蹈机构附近租了房，妈妈每天给小萌做营养餐送到学校。在参加专业的封闭式训练中，小萌却出现了种种不适应。训练期间，小萌时常让老师给妈妈打电话要妈妈接她回家，多次请假的小萌差不多处于休学状态。最近一段时间，小萌晚上不愿意一个人睡，要求与爸爸妈妈同睡，严重时早上不愿起床，要妈妈抱抱亲亲

才愿意起床，有时也会因为一件小事和爸爸妈妈大发雷霆。妈妈最害怕接到老师的电话，从小独立懂事的小萌最近出现的行为让她无法理解。爸爸妈妈用了各种办法，还是改变不了孩子的状态。极度焦虑的爸爸妈妈在朋友的建议下来到心理咨询室寻求帮助，想尽快让女儿回到培训机构正常学习。咨询师和家庭成员讨论了不将孩子上学作为咨询目标，而是要看到孩子不想去上学背后的心理原因和孩子深层次的渴望。家长半信半疑地开始了家庭咨询，他们一方面很困惑孩子的行为，一方面又期待通过咨询出现奇迹，重新找回过去那个独立懂事的乖乖女。

每个孩子的出生都会带着父母的期待，小萌也一样，妈妈想要女儿成为舞台上最亮眼的人。这是因为妈妈从小想学跳舞，由于父母双双下岗，自己的梦想成了终身遗憾，于是妈妈决定要好好培养女儿。妈妈给女儿取了一个带"萌"的名字，期待女儿今后能像春芽一样茁壮成长。女儿的到来给这个普通家庭增添了新的希望，夫妻俩沉浸在一片喜悦中。

随着孩子的成长，家庭的开销也在不断增加。夫妻俩为了给孩子创造比较好的物质条件，决定把不到两岁的孩子交给爷爷奶奶带，夫妻俩去了沿海一个发达城市打工。启程前一天，小萌哭闹着不睡觉，女儿的哭闹让妈妈也有些许犹豫挣扎，但为了女儿将来的学习，他们还是毅然决定去外地打工。临走时，女儿的哭喊声让妈妈的脚像灌了铅一样沉重得无法移动，转身抹眼泪的妈妈被汽车鸣笛声催促着不得不快速离开。就这样，他们像大多数打工的父母一样，每年春节回家和孩子短暂相聚几天，总是在与孩子从陌生到变得熟悉时又要离开。每次爸爸妈妈离开，小萌都会哭闹一场。渐渐地，小萌习惯了爸爸妈妈的远去，在大人眼里，小萌也变得懂事，不再哭闹。

然而，小萌在一次咨询中失声痛哭，述说着自己懂事背后是无数次的失望和恐惧，也说出了自己从未向爸爸妈妈说出的秘密。原来，当爸爸妈妈离开小萌时，小萌不哭闹不代表她不伤心。为了不被爷爷奶奶察觉到自己哭泣，小萌都是跑回到自己房间，咬着被角哭很久，直到哭累睡着。小萌越长大，掩饰得越深，慢慢地也会装作若无其事的样子让爸爸妈妈开心。小萌每次登台跳舞时，都幻想着爸爸妈妈在远处能看到自己，自己也会努力笑出来让爸爸妈妈开心，好多次都期待演出时有爸爸妈妈为自己鼓掌。小萌哭喊着说出埋藏心底多年的怨气后，只听到妈妈不断地自责，内疚地说："要是知道你懂事背后承载着这么多，我们当初就不会外出打工了。"沉默的父亲不停搓手，像个犯错孩子似的希望得到女儿的原谅。咨询室里，时间瞬间停滞，变得无比安静，只听到女儿的阵阵抽泣声。房间里弥漫着女儿的伤心、不安与愤怒，也夹杂着父母的委屈、无奈、自责、内疚与难过。不同的情绪彼此碰撞着，同时又在述说着无言的渴望，这一刻就像陈列架轰然倒塌般无比混乱，爸爸妈妈心疼的同时也有些措手不及。时间一分一秒过去，这些复杂交织的情绪犹如散落一地的珍珠，虽然没有想象中华美，细看每一粒却都是如此珍贵与独特，仿佛它们在述说着来时的路。每一粒珍珠都是如此的艰难和充满期待，就像咨询中的爸爸妈妈和女儿，有勇气来表达内心的真实情绪，希望被彼此看到、理解。原来每一个不被理解的行为背后，都隐藏着深深的渴求，一粒粒看似不起眼的珍珠就这样被无言的爱拾掇起来，一串别致的项链就这样被串起，变成了家庭的传承，爱在每个成员之间流动着……

在最近一次咨询中，爸爸妈妈对小萌表达了无法理解她的反常行为。小萌无奈地说自己也不想这样，只是和爸爸妈妈在一起就觉得安心，特别是睡在爸爸妈妈中间，就像回到了小时候，心里特别温暖踏实，连做梦都是开心满足的。而现在快要读高三了，一想到要离开爸爸妈妈，自己就莫名担心害怕，常常被噩梦惊醒，全身无力，就像小时候爸爸妈妈离开的那段时间一样，自己常常在梦中哭醒，所以早上无力起床，想要妈妈抱抱亲亲。小萌也不知道自己怎么了，她很害怕同学知道自己有这么幼稚的行为，害怕会被嘲笑。但是，小萌就是不想去学校，到了学校就心跳加快，心口像有石头压住一样，还经常失眠，有时莫名想发火。自己不能对老师同学发火，就只有回家吼爸爸妈妈。

"我也控制不住自己。"小萌说着说着，无助的眼泪如断线的珠子吧嗒吧嗒掉了下来。妈妈心疼地抱着女儿，安慰女儿说："不哭不哭，一切都过去了，要向前看，要勇敢。"小萌的眼泪顿时止住了，好像被妈妈塞了回去，她感觉心口又被堵住了。

这样的画面也许我们都很熟悉，家长想安慰受伤的孩子，不想让孩子难过，也害怕孩子难过，孩子的情绪就这样突然消失了。都说眼泪流出来是珍珠，吞进去是毒素。看来父母对孩子情绪的接纳，才是孩子改变的真正开始。

专家解析

　　在本案例故事中，看似独立懂事的小萌在快进入高三时却表现出种种与年龄不相匹配的退行行为。"退行"是心理学里的概念，它是指一个人在遭遇挫折后，行为举止暂时性退化，回到幼小年龄段的一种状态，其往往会使用早期生活阶段原始而幼稚的方法应付困难，以满足自己的某些欲望。"退行"行为意味着自己是弱小无助的，这样就能获得他人的认可和关爱，能得到他人无条件的照顾并拥有支配权。当需要得到他人关注时，他们就会逃避，回到过去，以暂时性缓解内心的焦虑和恐惧。当然，这是一种不成熟的应对方式。案例故事中的小萌不能意识到自己的退行行为，一直处在无力无助的状态中，家庭也深陷其中。

　　17 岁的小萌正处于青春期，这个阶段是儿童成长为成年人的过渡时期，这个阶段的孩子会面临前所未有的成长困惑。青春期是孩子身心变化最为迅速而明显的时期，他们总是憧憬成熟又留恋童年，追求完美又总有缺憾，拒绝灌输又渴望帮助，渴望独立自主又无法摆脱现实依赖。他们身体上是"大人"，心理上仍然不成熟，渴望父母、老师把他们当作"大人"

对待，同时社会经验不足，盲目性大，情绪波动大，害怕失去熟悉的环境，失去熟悉的人，内心没有安全感，心理发展正经历成人感与幼稚感的矛盾。这样矛盾的心理，使得他们的行为表现在大人眼里是如此的荒唐，也让大人感到不解。而对孩子来说，这些行为的意义却十分重大。

由于是隔代抚养，父母陪伴少，小萌的内心缺乏安全感，从小懂事听话只是为了赢得关注。小萌种种看似幼稚的行为背后，其实是内心害怕与父母分离。快进入高三阶段，小萌的不确定感更强，如果顺利考入心仪的大学，她就要离家离开父母，这唤醒了她潜意识里曾经和父母一次次分离时产生的恐惧害怕，她在现实生活里便选择紧紧抓住父母，极度依赖父母。通过无意识地退回到幼年的极度依赖中，她的分离焦虑和恐惧暂时得到了缓解。小萌只能用这种看似逃避的行为来呼唤父母的爱，从另一个角度来看，小萌在青春期的表现也给了父母修补亲子关系的机会。

专家支招

▶ 对于小萌

成长过程中主动和父母表达自己的情绪，以及对父母的具体需要。当父母不能理解自己或者和父母产生较大冲突时，重要的是处理冲突，在差异中学习和坚定自己的选择，并对自己的选择负责，同时让自己情绪稳定，学习管理情绪，这也是走向成熟的标志。青春期的情绪变化易受激素影响，情绪起伏大，需要自己摁下暂停键，不能被情绪"绑架"做出后悔的事。首先，觉察自己的情绪；接着，深呼吸去感受这份情绪并不做评判；然后，给情绪取个名字，如愤怒、害怕、失望、忧伤、不安、恐惧等；再问问自己，这个情绪有什么需求，需求是否合理；最后，找出满足自己需求的方法。这样与情绪对话，自己慢慢就会习惯接受情绪。要知道，情绪没有好坏，只有应对情绪的行为才有好坏后果。小萌需要理解自己莫名发火背后，隐藏着对父母没有表达过的不满和恨意。接纳成长中的遗憾，主动找机会向父母表达自己内心的担忧和恐惧，允许父母讲出他们行为背后的原因，给彼此一个融合的通道，换位思考，才能让爱助力成长。

▶ **对于家长**

理解女儿行为背后的原因是面对独立和分离所产生的焦虑与压力。这就需要家长给予孩子无条件的包容和支持，尽量满足孩子因为"退化"而产生的各种"无理"需求，允许孩子以自己的方式来做事和生活。如果家长能做到无条件接纳和足够耐心，容忍孩子的坏脾气，情感上给予支持陪伴，理解孩子行为背后的渴求，孩子内心就会产生一种新的安全感和信任感，焦虑和恐惧就会被其他东西替代，"退行"行为就会自行痊愈。与此同时，父母也在承受着孩子暂时退行带给自己的内疚、羞愧、担忧、愤怒、挫败和深深的无力。家长应认识到，这是有青春期孩子的家庭常常会面临的难题之一，也是孩子用症状来"邀请"家长参与他们成长的契机。虽然家长无法塑造适合自己的孩子，但自己可以成为适合孩子的家长。家庭是孩子的避风港，也是孩子的加油站，家长更需努力为孩子提供飞翔的航母。

小萌的父母愿意走进咨询室，其实就是改变的开始。

▶ **对于学校**

　　学校老师对个别青春期学生出现的极端行为给予理解，放弃用一个标准衡量学生，因材施教，不去指责学生，与孩子建立起信任关系。相信每个孩子都有自己独特的成长方式，每个不被理解的行为背后都是一份挣扎，需要老师去看到并给予信任。针对班级大多数学生所遇到的困惑，可以开展一些主题班会或主题活动，如用匿名写信的方式写出自己的困惑，并与其他同学分享自己是如何应对的，也可以利用头脑风暴，让大家猜猜问题行为背后的原因。学生在了解别人的反馈后，看问题的视角会更加丰富，在共性中会减少压力，在班级团体中得到成长。学生每次跌倒，都需要老师用心地滋养，帮助他们走出泥泞，迈向未来。

　　如果各方做了很多努力都无法改变孩子的问题，并且孩子的问题严重影响到了他们的学习和人际关系，建议去专业的精神科诊断，遵医嘱用药控制症状，同时做心理咨询。寻求专业帮助是有勇气的表现，也是少走弯路的有效方法。

第 17 节

我要和你们在一起，我生病啦！

张境倍

案例故事

　　齐齐今年 17 岁，是某市重点中学高三学生，他的成绩在班上排名前三，年级能排前 50 名。

　　去年 9 月，高三学生统一搬到区县校区住读。齐齐跟宿舍里的同学生活作息不合拍，觉得他们太吵，影响到他的学习。学校的伙食他也不喜欢，觉得太油，对身体不好，吃了经常感觉不舒服。齐齐一开始和班主任老师反映情况，希望能调整寝室。老师劝解齐齐，让他把所有的注意力放在学习上，与宿舍同学生活作息不一致等问题都是琐事、小事，不用太在意，要克服生活上的困难，要慢慢学会忍耐和独立。齐齐觉得向老师反映问题不管用，慢慢地就不再提了。但齐齐的问题没有得到解决，他从刚开始的不适应慢慢发展成为睡不好、吃不好，身体也感觉不太舒服。

上学不到一个月，齐齐开始每天找老师要手机，给父母打电话，吵闹着要回家。齐齐想让父母来学校这边租房住，陪着他，

他自己可以走读。但父母一直劝齐齐，让他理解一下父母工作的难处，到区县来陪他读书不现实，让他尽可能做一些调整，忍耐一下，也希望他能够独立，懂事一点。

去年 12 月，齐齐在上楼梯的时候滑倒，摔伤了膝盖，伤口有点长，流了很多血。到学校医务室包扎后，齐齐没太注意，伤口又出现感染，接着吃药打针，前前后后差不多花了两个星期，伤口才勉强愈合。他开始责怪医务室校医没有给他打破伤风针，由此怀疑自己血液感染，觉得自己得了白血病。因为膝盖是在新校区的楼梯上摔破的，而新校区是新装修的，自己的伤口又被感染了，他很害怕，也很焦虑。最近一段时间，齐齐常常因为担忧身体问题，上课时无法集中注意力，老师讲的内容很多他都无法听懂，成绩下降非常明显。父母将他接回家，送到市内综合性医院检查，检查结果显示正常，排除了白血病。但此后的时间里，齐齐还是觉得自己的身体有问题，比如自己食欲不好，肠胃消化不好，就觉得自己是胃有问题；最近休息非常糟糕，失眠，睡不着，就觉得自己的大脑功能异常；父母总是不能理解自己，常常觉得很郁闷，肝疼得厉害……齐齐觉得很委屈，他有这么明显的躯体感受，就是没有人相信自己生病了。

两个月来，父母带着齐齐陆陆续续走遍了市内所有大医院，把全身器官查了个遍，均没查出任何器质性问题。但齐齐深信自己有病，并且十分严重，父母和医生都不能说服他。他上网查了一些资料，觉得自己的症状和网上说的很相似，只是医院没检查出来而已。他很害怕自己生病，完全不想回学校上学，可又放不下学业，内心感到很着急。在医生的建议下，齐齐接受了心理咨询。

专家解析

在本案例故事中，齐齐不能上学的理由是身体上的不适，而医院的诊断结果显示的是正常。可以看到，齐齐总是对自己的身体有很多的担忧，他内心的不安和焦虑正通过躯体化的语言寻求理解，这是家长需要认真对待的信号。

第一，步入高三阶段，齐齐在生活和学习上都有了很大的变化。从家里父母无微不至的照顾到需要独立去承担一些生活事务，从在家拥有一个独立不受打扰的空间到住在六人共用的宿舍，这些都是齐齐需要去接受、适应和调整的。在这个过程中，齐齐适应得并不顺利。

第二，青春期的孩子需要面临"自我分化"的心理发展阶段，他需要带着家庭情感的联结和支持独自去面对外面的世界。如果自我分化很顺利，那么孩子虽然从空间距离上离开了家和父母，但他的内心有一种稳定的认识，他相信自己的父母是可依靠的，家是安全的，遇到任何问题，都可以随时向家人求助，家人是稳定且可以帮助到自己的。但齐齐在这个分化过程中遇到了很多不能适应的问题，他的需求没有被老师和家长看到，而是一味地被要求克服困难，学会忍耐，要求去理解环境，理解父母，这也是齐齐不能正常适应新环境，不能正常生活学习的重要原因。

专家支招 🔊

▶ **对于齐齐**

对于自己所经历的苦恼，除了寻求父母老师的理解，最需要做的是向内的、对自己的深度理解。很多时候，对自己的关爱和理解是十分重要的。不管是在新的环境里，没有父母的陪伴和照顾，感觉到孤独的时候，还是在繁重的学业中，感到烦躁的时候，抑或是在与同学交往的过程中，感觉到差异的时候，做到不评判别人，也尊重关爱自己，是一种良好的看待问题的角度。承认自己所处的环境不尽如人意，承认自己暂时无法改变这样的现实情况，在此基础之上，做出自己能做出的努力，不失为一种解决办法。当自己完全被困住，无法解脱时，相信父母，相信专业的支持，也会给予自己一些帮助。

▶ 对于家长

首先，需要意识到孩子的躯体化表达，深层次理解躯体化表达背后的需求。对于一直都在父母身边成长的孩子，需要离开家，去到一个新的环境生活和学习，孩子出现生活的不适应以及人际的不习惯，是很正常，也是需要被理解的事。青春期的孩子不能把自己内心的不安和焦虑用语言表达出来，往往会借用身体的状况来表达。

其次，齐齐一直都在倾诉自己内心的不满和难以忍受的部分，父母却一直在和齐齐讨论现实层面的具体困难，没能去理解齐齐的难受，一味地要求他克服困难和理解家长的难处，这让孩子无法从言语上获得父母的支持。从表面上看，父母、老师说的都是对的，但齐齐的内心就是无法做到，就是感到不舒服。因此，家长除了提出现实层面的困难之外，也需要为孩子做出一些现实层面的努力，为孩子在现实与理想之间搭一座桥，这也有助于孩子更好地适应。

最后，当孩子的焦虑聚焦在躯体症状上时，家长应该有意识寻找和信任专业心理医生的帮助，并且相信孩子能够得到改善。

► **对于学校**

第一，在学校里，关于学生学业适应、人际关系适应以及环境适应等问题并不罕见，老师和校方需从心理角度出发去理解学生，而不是只要求学生把关注点放在成绩上，其他都可以忽略。

第二，当学生出现问题找老师寻求支持时，建议老师先耐心地倾听，不要急于做说服工作。这种理解的态度，有助于学生跟老师建立信任关系，进而更好地讨论和消化问题。

第三，在学生出现人际关系适应和环境适应等问题时，老师和校方应积极给予一些现实层面的建议和调整措施，让学生感受到支持，感受到被重视，也避免学生一味地表达情绪，却无法得到理解，从而产生"说了也没有用"的无力感。

第18节
一位忧郁的篮球王子

汤文芳

案例故事

　　阿俊是一个18岁男生，目前读高三。他个子不高、清瘦、皮肤偏黑，一边头发留得较长，有些遮住眼睛，脸上有青春期男孩特有的青春痘。阿俊和他人说话时少有目光接触，语速比较慢，性格比较腼腆。他的父亲是国企中层干部，工作认真，为人比较严肃内敛，从小就对阿俊要求严格；母亲是一家公司员工，身材娇小，性格外向，快言快语，对儿子照顾有加。虽然阿俊的学习成绩在班上名列前茅，但父亲很少表扬儿子，时常给儿子敲警钟，教导他不要骄傲。母亲从小就喜欢拿儿子开玩笑，说儿子是不是在医院抱错了，一点都不像她，没有遗传到父母的优良基因，还说儿子一直闷不吭声，像女生一样没有阳刚之气。每当听到妈妈这样说，阿俊就默默走开。

　　阿俊平时喜欢打篮球，球场上的阿俊习惯酷酷地向左甩头发，他反手扣篮的动作特别吸引女生的关注，同学们私下给他取了个好听的绰号"篮球王子"。在同学们眼里，阿俊脾气温和，比较好相处。但是最近，大家却发现阿俊有些闷闷不乐，喜欢一个人独来独往，不愿意和同学们交流，走路总是低着头。有时同学主动打招呼，他也绕开走不搭理。好朋友邀请他打篮球，他也多次拒绝。新学期开学后，阿俊的考试成绩下滑厉害。老师对有实力考上重点本科的阿俊有些担忧，替他感到着急，于是找家长进行沟通，希望能帮阿俊尽快调整状态。父母听到孩子学习成绩下降，感到非常焦急。母亲说儿子最近不知怎么了，平时他父亲说他，他都不会顶嘴，这段时间却总和父亲大吵大闹，还责怪父亲不支持自己去美容院整容，嫌弃母亲个子矮小导致自己个子不高，甚至怀疑自己不是父母亲生的，家里最近充满着火药味。父亲不理解，一向听话的儿子怎么突然这么在乎容貌，看到儿子反复照镜子，尤其是临出门前还要反复确认，需要多次催促才出门，便会忍不住说他不把心思放在学习上。为此，父子常常争吵不休，最后以儿子摔门收尾。母亲也左右为难，既觉得儿子长得好看才有吸引力，同时也认为丈夫说的"男孩子不应该看重容貌"有道理。对儿子最近发生的变化，父母很难理解，经常摇头叹气。带着这份焦虑，母子俩走进了咨询室，母亲很想和阿俊一起接受咨询，但被阿俊冷冷地拒绝了。就这样，咨询师和阿俊一起开启了自我成长的探索之旅。

在咨询室里，腼腆的阿俊说话时大多数时候盯着地板，偶尔才会抬头。憋了很久的他终于忐忑地说出了自己最近的困惑，也表达了自己对容貌的不满意。阿俊很讨厌自己脸上的小痘痘，当别人看自己时，他总会觉得别扭。与此同时，他对父亲非常不满，每次听到父亲数落他，都想和父亲动手，控制不住地和父亲大吵，母亲又总是和稀泥。阿俊想要去医院整容，父亲强烈反对，还嘲笑他想要靠脸蛋吃饭，在父亲那里，只有成绩最重要。阿俊说自己从小被父亲挑剔批评，自己却经常沉默不敢反驳，父亲还经常拿自己的成绩在同事面前显摆，他感觉自己只是个工具。阿俊觉得父母从来不知道他内心的真实想法，不会在意他是否快乐。还好打篮球可以释放他心中的郁闷，虽然他个子不高，但他投篮动作漂亮，同学们都叫他"篮球王子"。说到打篮球，阿俊的眼里闪现出一抹亮光，转瞬却脸色变阴。阿俊继续说："我身边好几个玩得好的同学都有女朋友，我很羡慕。最近，我对一个暗恋很久的女孩表白了……"阿俊把头

埋得更低，目光暗淡下来，像个做错事的孩子。他用双手使劲抱住自己的头，半晌才挤出几句话："我被她羞辱了，她说我癞蛤蟆想吃天鹅肉，说我矮，也不看看脸上的痘痘……这些天

里，我脑海里一直回响着她的话，开始对自己产生各种怀疑。"

尽管阿俊成绩一直比较优秀，但也无法冲淡表白失败的痛苦。咨询师陪着阿俊经历着这份羞辱和沮丧感，沉默了很久，阿俊才缓慢抬起沉重的头，有气无力地说："要是我爸爸同意我去整容就好了。"阿俊带着祈求的语气说："老师，你能说服我爸爸让我去整容吗？我知道爸爸希望我成绩好，是想让我有份好工作，所以看到我成绩下降很生气，但我不能告诉他们成绩下降的实情。我对自己也很憎恨，我也想重新回到从前的状态，但一到晚上，这个声音会更加清晰，我越想越难受，辗转难眠。有时白天在教室看到她，心口就会有刺痛感。"阿俊表白的女生是他们班的班花，性格外向大方，平时围着她转的男生不少。阿俊觉得自己成绩好，是有资格追求她的，也有向她暗示过自己喜欢她，很想得到她的青睐。开学不久，阿俊犹豫了很久，还是向她表白了。这之后，阿俊常常觉得别人看自己的眼光有些诡异，总觉得大家都在用怀疑的眼光看自己，好像有个声音在说"你也配"。特别是当室友们知道后，他们嘲笑阿俊不自量力，阿俊心里更是难过。为此，阿俊上课经常走神，不敢举手提问，害怕大家质疑的眼神。阿俊也不想和他们玩，更不想和他们打篮球了。"我像掉进了泥潭无法自拔，哎，要是自己长得帅就不会这样了。"阿俊难过地说。

专家解析

自我同一性是解读青春期孩子的密码，自我同一性的形成过程就是对自我的探索过程，青春期主要的冲突就是自我同一性和角色混乱。那么，什么是自我同一性呢？

著名心理学家埃里克森认为，青春期的核心发展任务就是建立自我同一性。自我同一性的建立是青少年探寻自己和他人的差别、认识自身、明确自己更适合哪种社会角色的过程，进而对"我是谁""我会成为什么样的人""我如何适应社会"等问题形成连贯统一的认识。自我同一性整合好的孩子，对自我有明确的认识，自我有一种发展的连续感和相同感，具有高自尊，充满着自信；自我同一性角色混乱的孩子，自我是否定模糊的，他们常常夸大自己的缺点，常常认为自己不够完美而感到沮丧，从而形成低自尊，感到自卑。自尊即自我尊重，是个体对其社会角色进行自我评价的结果，表现为自我尊重和自我爱护。自我设想的"我"和自己体察到的社会人眼中的"我"是一致的，就会体会到高自尊。自尊是通过社会比较形成的，没有比较就没有自尊，不恰当的比较会形成低自尊。

自我意识在青春期会出现质的变化。青春期的孩子随着身体发育，性意识开始萌动，性别角色逐渐深化。他们很在意自己的容貌，也很在意同伴的评价，想要得到同伴的接纳和认可；他们对异性充满好奇，憧憬爱情的降临，很关注来自异性的评价和认可，对挫折和拒绝难以承受。特别是有自卑心理的孩子，往往更依赖同伴的认可，对自我认识不客观，容易自我怀疑和夸大自己的缺陷，容易从众和被外在的表象所迷惑，因别人的消极评价而自惭形秽，自我在自信和自我怀疑之间摇摆不定，情绪像坐过山车般起起伏伏极不稳定。青春期是世界观、人生观和价值观形成的关键期，同时也是充满着矛盾的阶段。所以说，青春期成长是充满困惑和挑战的，同时也是蜕变的开始。

在本案例故事中，正值青春期的阿俊很在意自己的外在形象，尤其在意脸上的青春痘，希望通过整容快速改变容貌。

自己的愿望得不到家长支持，情绪便由难过变得愤怒；对自己身高感到不满，便责备抱怨妈妈；遭到表白暗恋的女生的拒绝贬低，室友又加以嘲笑……这些都加重了阿俊的自我怀疑。阿俊脑海里时常浮现妈妈说的"你没有我的优良基因"，于是他认为自己一无是处，由此变得自卑，回避交往。高三阶段的压力无法排解，也是阿俊长青春痘的心理因素之一。自卑的阿俊很难对自己有客观的认识，不合理认知让他总想通过容貌改变去迎合同伴的认同。而积压在心中的痛苦情绪得不到疏导，使他深陷情绪的泥潭，心神不宁，成绩直线下降，内心更加焦躁。各种叠加性的压力扑面而来，让阿俊无法承受，处于崩溃边缘的阿俊只有回家找父母发泄，而父亲长期打压的沟通方式让亲子关系一直处于紧张状态，随时都有可能破裂。

影响自我同一性形成的关键因素是父母，自卑形成往往来源于原生家庭的不认可和不确定，尤其是当父母也不能认同自身和认同孩子的时候，孩子会心存疑虑，没有自我肯定的动力，总觉得只有完美的才是最好的，不然永远都需要继续努力。阿俊的成绩尽管名列班级前茅，但采取打压式教育的父亲总是对阿俊进行各种挑剔，让阿俊感到自卑，亲子关系也处于疏远状态；妈妈的玩笑和揶揄也让他心里留下了阴影，时刻想着去印证妈妈的观点，总是觉得自己不够好。近期的成绩下滑和对女生表白失败，成了压垮阿俊的最后一根稻草。

专家支招

▶ 对于阿俊

把痛苦愤怒转化为动力，多跟父母表露自己的心理感受，双方在可以协商的氛围中进行沟通；接受"失恋"及被贬低的痛苦情绪，认清长相不是被人喜欢的唯一标准，审美是多元化的；恰当地进行比较，让自己的人格散发出与众不同的魅力，提升自己的信心，相信每个人都有自己独特的美；正确认识自己，只有自我认可才能被他人认可，这个世界不会因为自卑而不美丽，但一定会因为你放大了自己的优点而发光。为了提升自信心，可以尝试以下几种方式。

（1）自信罐：给自己买一个精致的玻璃瓶，每天在便签纸上写自己做得好的三件事，放入玻璃瓶。每周在固定时间大声读给自己听，增加自己的自信心。

（2）自我车轮图：画一个圆圈，从圆心出发，每一个角色就是一个半径，从圆心到圆周给自己进行 0 ~ 10 评分，0 分表示不满意，10 分表示非常满意。在每条线段上标注一个点，把每个角色的得分标注在线段上，连接起来的圆圈就是对自己的一个评价。与此同时，可以去和角色对应的人核实，请对方给你评分，然后连线，看看自己评价的圆和别人评价的圆之间的差距，便能很直观地看出哪些地方可以调整，进而改变认知，调整自己的行为。

（3）自我辩论：当感到无法入睡，被头脑里的念头困住时，把头脑里的想法大声说出来，也可以用手机录音，如"班上每个同学都瞧不起我""我一无是处""所有长青春痘的人都不帅""被女生拒绝就是没价值的"……等自己的情绪平复，想象这是朋友说的话，然后去核实每句话的合理性。在此过程中慢慢改变对自己的看法，走出不良情绪的困境。

▶ **对于家长**

改变沟通方式，调整教育方式，做学习型的父母。理解青春期孩子在意自己的外在形象是这个阶段的孩子常有的现象；看到孩子正在经历的困难，耐心和孩子沟通，给予温暖和关爱，用温和而坚定的态度表达对于整容的担忧；对孩子由严厉变为温和，由挑剔变为欣赏，积极接纳孩子的独特个性和需求；对孩子不嘲讽、不揶揄，对孩子做出有伤害的行为应诚恳道歉，做孩子的朋友；每次孩子有小的进步，积极正向地肯定孩子，重塑孩子的信心，做孩子坚实的后盾。

▶ **对于学校**

学校老师对学生暂时成绩下降要给予耐心和信任，同时多给学生一些机会，让学生展示自己的优势；多找机会了解学生的心理，让学生敞开心扉，说出影响他们状态的原因，激励学生面对挫折的勇气，做学生的守护者。

► **对于社会**

孩子的成长不是一帆风顺的，青春期孩子的种种困惑或者停滞不前都是一个契机，需要本人、家长及老师一起共同面对。一方面，应给予他们信任，让他们积极探索；另一方面，耐心地等待他们的成长，给他们试错的机会。当他们用自己以往的办法和身边的资源都无法改变时，鼓励他们寻求专业帮助。社会大众也要对青春期孩子放下偏见，理解往往就是最大的支持。

参考文献：

[1] 屠明将, 冉曼利, 余燕青. 中职学生心理健康教育 [M]. 重庆: 重庆出版社, 2022:5-7.

图书在版编目（CIP）数据

未成年人人际关系与学业竞争问题：专家解析与支招 / 杨东主编. -- 重庆：重庆大学出版社，2023.6
（未成年人心理健康丛书）
ISBN 978-7-5689-3830-3

Ⅰ.①未… Ⅱ.①杨… Ⅲ.①青少年—人际关系学—研究 Ⅳ.①C912.11

中国国家版本馆CIP数据核字（2023）第058867号

未成年人人际关系与学业竞争问题：专家解析与支招
WEICHENGNIANREN RENJI GUANXI YU XUEYE JINGZHENG WENTI：ZHUANJIA JIEXI YU ZHIZHAO

主　编　杨　东
副主编　何　梅　赵淑兰

丛书策划：敬　京
责任编辑：敬　京　　版式设计：原豆文化
责任校对：邹　忌　　责任印制：赵　晟
＊
重庆大学出版社出版发行
出版人：饶帮华
社址：重庆市沙坪坝区大学城西路 21 号
邮编：401331
电话：（023）88617190　88617185（中小学）
传真：（023）88617186　88617166
网址：http://www.cqup.com.cn
邮箱：fxk@cqup.com.cn（营销中心）
全国新华书店经销
重庆升光电力印务有限公司印刷
＊
开本：880mm×1230mm　1/32　印张：5.625　字数：99 千　插页：20 开 1 页
2023 年 6 月第 1 版　　2023 年 6 月第 1 次印刷
ISBN 978-7-5689-3830-3　　定价：45.00 元